笑いと涙を届ける「結婚式の司会」という仕事

～新郎新婦にとって最高の一日を創るプロフェッショナルたち～

GENTOSHA
幻冬舎

はじめに

「結婚式って、なんていい時間なんだろう！」

今から30年前。友人の結婚式で司会を頼まれた21歳の僕は、はじめて体験する緊張感と高揚感、そしてかつて味わったことのない幸福感にすっかり酔いしれていたのです。

結婚式という、新郎新婦にとっては人生で一度の晴れ舞台。その場を司会という立場で盛り上げていく。そんな重要な役目に、もともと話し好きの仕切り屋で、人を楽しませることが大好きな僕がハマらないわけがありませんでした。自分の発した言葉でゲストが笑い、緊張していたはずの新郎新婦もつられるように、笑みをこぼす。たしかに新郎新婦は自分のよく知る友人だから、思い入れはあるし、進行も遠慮知らずの好き放題。だからこそ、とてもシンプルに「結婚式って、楽しい！」と、心から思えたのです。

僕があまりに楽しそうに司会をしていたからか、「オレの結婚式のときも頼むよ！」とあちらこちらから声がかかって、気づけば、仲間内のお抱《かか》え司会者になっていました。

何回か司会をするうちに、一般的なパーティとは違う、結婚式という独特の重みも感じ始めていました。単なる幸福感に留まらない、一生に一度のイベントを司《つかさど》るという責任の重さにも魅力を感じた僕は、次第に〝司会〟を仕事として意識するようになったのです。最初は友人に頼まれて持ち込み司会者として経験を積み、やがて、司会事務所に登録。平日は一般企業で勤務し、週末はプロの司会者として活動を始めました。自分の得意なことを生かせる趣味の延長のような気持ちで始めた〝仕事〟としての司会に、ますますのめり込んでいった僕のもとには、どんどん仕事のオファーが来るように。そして、いよいよ32歳で独立を決意し、司会事務所ブラスを設立したのです。

持ち前の営業力で大手の結婚式場やレストランと契約し、年間100本以上の披露宴を担当するまでになりました。各式場では、一日に何十組もの披露宴が行われ、ひとつの会場で3回転なんて当たり前。そうすると、司会者には「時間通りに滞りなく終わらせる」ことが第一に求められるんです。「余計なことはするな」。そんな雰囲気が漂っていました。

「もっと新郎新婦やゲストにマイクを向けられないものだろうか」
「決まりきったものではなく、ふたりならではの進行にできないものだろうか」
「もっと余韻を楽しめる時間的余裕は与えられないものだろうか」

進行表に忠実な司会を求められるたびに、「もっと楽しい披露宴をつくり上げたい」と思う僕の心には「なぜ？」という疑問があふれていったのです。求められるものと自分の本心との間に起こるジレンマという摩擦。

新郎新婦にとって結婚式ははじめてで、一度しか経験しないもの。それが故に、おふたりにとっては、何をどうすれば最高の一日になるのか分からないものです。それは、新郎新婦本人たちはもとより、結婚式に関わるプロにとっても正解のないものです。自分の思い描く理想と、突きつけられる現実に打ちひしがれる日々が続いていました。

「理想の結婚式って一体、何？」

たった一日のために、一年近く準備を重ね、数百万円というお金もかける。人生最大のイベントともいえる結婚式に対して、決められた進行で滞りなく終わらせることを目的としていいのだろうか。もちろん、それを望む人もいるに違いない。でも、僕はそれでは満足しない。ひと組ひと組がたどってきた結婚式までの道のり、結婚への想い、ふたりの個性、ゲストの客層……。何もかもが違い、同じ結婚式も披露宴もあるわけがないのに、画一的な結婚式を押しつけようとする会場側の思惑。それに自分を合わせることができず、僕はとうとう自分の理想を貫ける場を自分でつくることにしたのです。

「結婚式のあり方を変えたい」
「結婚式における司会者のあり方を変えたい」

そんな想いで、ついに2003年2月。愛知県一宮市に一軒の小さな結婚式場をつくり上げました。「ルージュ：ブラン」と名づけたゲストハウスは、おそらく日本ではじめて司会者がつくった結婚式場ではないでしょうか。

縁あって知り合えた新郎新婦に喜んでもらいたくて、唯一無二の結婚式を一生懸命につくり上げる。ご家族やゲストと同じ気持ち、同じ目線で結婚式に立ち会い、感動を共有する。ときには、一緒に笑い、泣きもする。もしかしたらスマートではないかもしれないけれど、ふたりを想う気持ちは誰にも負けない。そんなスタッフが勢揃いする「箱」「場」「空間」を僕はつくろうとし、実現させたのです。

「それぞれの新郎新婦にとって最高の結婚式を創る」

「結婚式を創る仕事」というと、ウェディングプランナーを思い浮かべる人が多いかもしれません。でも、新郎新婦とウェディングプランナーだけでは結婚式は創れません。ふたりにぴったりの衣装を用意し、スタイリングを提案するドレスコーディネーター。その季節ならではの花々やおしゃれな小物を使って、ふたりだけの空間をデコレーションしていくフローリスト。目でも楽しめる味わい深い料理で、ゲストに最高のもてなしを提供する料理人たち。親しみあふれる笑顔と、きめ細かい気配りで、ふたりに代わってゲストをもてなすサービススタッフ。そして、マイクを通して場を盛り上げ、そのふたりらしい空気感をつくり上げる司会者。「おふたりのために最高の結婚式を創る！」という共通の想いを持った個性あふれる面々が、心を合わせて同じ温度感でひとつひとつの結婚式に全力を全力を投じる。僕の描いた理想の結婚式が叶う場所。それが、プラスの会場なのです。

「笑いと涙の結婚式」

僕がプラスを立ち上げたときに決めた理念です。新郎新婦やゲストだけではなく、ふたりの結婚式に関わるスタッフ全員が、思わず笑い、涙する結婚式。そんな、笑顔と涙にあふれた結婚式を創りたいと思い続け、13年もの月日が経ちました。会場は18軒に増え、スタッフは300人以上。たとえ規模が大きくなっても、僕、そして、この会場にいるスタッフには変わらない想いがある。

「もっともっと、いい結婚式をしよう」

その想いは、21歳ではじめて結婚式の司会を体験したときから何ひとつ変わっていません。いや、むしろ、その気持ちはますます強くなるばかり。

今、この本を手にしている皆さんに僕が伝えたいのは、ただひとつ。「結婚式は素晴らしい！」ということ。結婚式そのものがいい時間であるべきだし、結婚式に携わる人たちも幸せを感じて仕事をしてもらいたい。

僕たちの最初の会場「ルージュ：ブラン」が誕生してから10年の節目となった2013年に、一冊の本を出版しました。タイトルは『ウェディングプランナーになりたいきみへ～笑いと涙の結婚式～』（幻冬舎）。一見華やかな結婚式のリアルな裏側を、現役のウェディングプランナーの目線で描いた内容に、多くの共感をいただきました。そして、その続編として、今回、皆さんにお届けするのが「結婚式の司会者」にスポットを当てた本著です。

アナウンサーのように流暢なしゃべりで場を進行させるだけではなく、プラスαの要素が求められる結婚式には欠かせないプロフェッショナル。プラスの司会者ひとりひとりが「結婚式ほどいい時間はない」というシンプルな気持ちを醸成させ、あらゆる技術と気遣いで最高の結婚式を創り上げていきます。結果、結婚式後も新郎新婦との交流が続く関係を築いている司会者が多いのも、プラスの特長です。

今回、登場するのは6名の現役司会者。彼女たちから語られるのは、それぞれのプロとしてのこだわりとともに「〝めでたし、めでたし〟では終わらせず、結婚式をもっといいものにしていきたい」という熱い想い。結婚式前の準備段階やマイクを持っていないときなど、ふだんゲストの目に入らないときの司会者の目配り、気配りも紹介しています。そして、新郎新婦ひと組ひと組に個性があるように、司会者にも個性がある。その個性の出し方にも興味を持っていただけることでしょう。

「なぜ、結婚式の司会をプロに任せる必要があるのか」

そんな素朴な疑問も、本著を読んでいただければ、きっと理解していただけると思います。結婚式をつくり上げるチームの一員として、さらには、新郎新婦の身内のような気持ちで式を盛り上げる司会者のあり方を通して、あらためて「これほど幸せな仕事はない」ということを知っていただけたら幸いです。

笑いと涙を届ける「結婚式の司会」という仕事　目次

Chapter 2

松岡しほ —— 46

Chapter 3

若杉由紀子

Chapter 4

浅井みゆき——88

〝演出の調理〟をすることで、今ここで起きることをいちばんよい状態で

コラム 笑いと涙の結婚式ストーリー④——112

おばあちゃんに「愛しているよ」と伝えたおじいちゃん。
その仲睦まじい姿に、会場中は温かな優しさに包まれて

Chapter 6

装幀　石川直美（カメガイ デザイン オフィス）
DTP　美創
編集協力　垣畑光哉、小井沼玉樹（リスナーズ株式会社）
堀　朋子
野村ひとみ（株式会社プラス）
写真　杉山　靖（クレドレクラン）
ヘアメイク　水谷恭古

打ち合わせは、新郎新婦の「今」と
「今まで」を知る時間
必要なのは、「話して」「引き出す」

Chapter 1

加藤　実由紀

Miyuki Kato

profile

司会者歴8年。

これまでの婚礼担当組数は408件。

前職は銀行員。偶然ホームページでブラスを見つけ、「この人たちと一緒に働きたい！」とプランナー職で応募したところ、社長にMC経験を買われ、司会の道へ。性格は真面目で冷静。司会者としてプライドを持って結婚式に向き合う真摯な姿に、新郎新婦はもちろん、プランナーなどスタッフからの信頼は絶大。

まさか、自分が結婚式の司会者になるなんて

私が司会の仕事に出逢ったのは20代半ば。当時、銀行員を辞めて音楽活動を始めた私は、自分が出演したイベントでMCという仕事を目の当たりにしたのです。言葉でその場を盛り上げるMCの仕事ぶりにすっかり魅了された私は、当時所属していた事務所の社長に相談。「音楽でプロになるのは本当に難しい。それに加藤には、MCのほうがむしろ合っている」という助言をいただき、名古屋の司会事務所に入ることになったのです。司会事務所では、しゃべりの基本を教えてもらい、イベント司会や店内アナウンスなどの仕事もさせてもらいました。

結婚式の司会のレッスンも受けたものの、興味が持てないというのが当時の本音でした。というのも、それまでに出席した結婚式は、いつもどこか焦らされ、ふたりらしいと感じるシーンもなく、司会者が必要以上に新郎新婦を持ち上げて話すのも気になって、結婚式そのものに憧れがなかったんです。結局、結婚式の司会者としてデビューはせずに、司会事務所も辞めて、ふたたび事務職に就いていました。

そんなある日、偶然、ブラスのホームページを見つけたんです。プライドを持って一所

懸命仕事をしているスタッフの姿や素敵な会場に「こんな人たちとこの場所で一緒に働いてみたい！」と、ウェディングプランナーの募集に思わず応募をしました。

履歴書を手に、ドキドキしながらの面接。プランナーが無理なら、洗い場のアルバイトとしてでも、この会場で働きたいという意気込みでした。すると、私の履歴書を見た社長が「司会の勉強をしていたことがあるなら、うちで司会者をやってみたらどうか」と。予想外の展開でしたが、マイクテストに合格し、私は司会者としてデビューすることになったのです。

ところが、いざ司会者として現場に入ると、苦労の連続。というのも、私が過去に研修を受けた司会事務所では、新郎新婦の入退場や、ゲストのスピーチでの後振りなど、すべてのシーンごとに自分で事前にコメントをつくり、それをきれいに話すレッスンがメインでした。結局、それがプラスでは、「しゃべりすぎ」「かたい」「不必要なコメントや説明が多すぎ」ということだったのです。プラスでのレッスンを受けていない私にとって、あの頃は戸惑いの連続でした。

新郎新婦が聞きたいのは「ゲストの言葉」

結婚式の司会の仕事を始めて間もないあるとき、こんなことがありました。披露宴が終わったあとに、担当のプランナーさんから、「加藤さんは、新郎新婦が満足すれば、それが〝いい結婚式〟だって思っていませんか？」と声をかけられたんです。言われた瞬間、「それのどこがいけないの？　だって主役は新郎新婦なのに」と心のなかでつぶやいていました。彼女は続けてこう言ったんです。

「結婚式は、ご両親、ご親族、余興をしてくれた方など、そこに列席された方全員が『なんて、いい結婚式だったんだろう』と思うものにならないとダメなんです。でも今日の結婚式はそうではなかった」と。

そう言われて、はじめてハッと気づいたんです。その日の披露宴で、新婦のお友達数人が余興をしてくださったのですが、どうやら、余興の最後に、全員で「おめでとう！」と声を揃えて締める予定だったらしい。ところが、私がそこまで確認をしておらず、そのせいで、とっておきの「おめでとう！」を皆さんが言う前に、私が「ありがとうございました ー！」と締めてしまったんです。お友達はみな「えっ!?」という表情になり、なんとも後味の悪い終わり方になったのを思い出したのです。「あー、あのことを言っているんだ」とようやく気づきました。

それでも、私は、「クレームにはなっていませんよね？」と、つい聞いてしまったんです。すると、プランナーさんは強い口調でこう言いました。

「それがいけないんです。余興をやってくださった方たちは皆さん、新郎新婦に喜んでもらいたくて、『当日は、絶対に成功させてみせる！』と、この日のために準備を重ねてきたはずなんです。それが台無しじゃないですか。結婚式は、新郎新婦だけを見ていればいいってものではないんです。余興をしてくださった友人と新婦に、一緒に謝ってもらえませんか」

もう返す言葉もありませんでした。自分の確認ミスのせいで、せっかくの余興を台無しにしてしまった。何度もリハーサルのために会場に通い、準備してきた友人たちの気持ち、そしてその余興を楽しみにしてきた新婦の気持ちを思うと……。その日の帰り道、私は悔しさのあまり、涙が止まりませんでした。

「誰も司会者の言葉を聞きたくてこの場にいるわけじゃない。みんなが聞きたがっているのは、新郎新婦やお祝いに来てくれているゲストや大切な家族からの言葉なんだよ」

河合社長や先輩司会者が言っていた言葉が身にしみました。考えてみれば、当たり前のこと。だとしたら、司会者の役目って何？

その答えは、「みんなが聞きたがっている人から、言葉をどう引き出すか」。自分がしゃべるより、人が話してくれるように言葉を引き出すことが司会者の役目なのです。まさにその大切さが腑に落ちた瞬間でした。

それからは、先輩方の現場を見学させていただきながら、試行錯誤の日々。なるほど。ブラスの司会者はそれぞれに個性があるのですが、共通点がひとつだけありました。それは「聞き上手」という点。新郎新婦が言っていることをとにかく親身になって聞いているんです。ブラス流の司会スタイルに戸惑っている私の話ですら、ちゃんと聞いて、ヒントをくれる。「自分がどう話すかではなく、相手の言葉をどう引き出すか」。ブラスで司会者になった私の課題はまずそこからでした。

打ち合わせでは、おふたりと打ち解けることで信頼を得ていく

「打ち合わせは、新郎新婦と信頼関係を築くことから始まる」

私がはじめてブラスで司会をさせていただいたとき、先輩から教わったことです。

ブラスの会場では、初回の打ち合わせから式当日のサポートまでを専属のウェディングプランナーが一貫して行うため、新郎新婦とプランナーの間にはしっかりとした信頼関係が築かれます。一方の司会者はというと、打ち合わせは一度きり。およそ2時間のたった一度の打ち合わせでふたりと打ち解け、「この人なら当日、司会を任せても安心だ」と思ってもらわなければなりません。

「この司会者なら大丈夫」と打ち合わせで信頼してもらうために、私が心がけていることが3つあります。まず、1つめが担当プランナーとの情報共有です。打ち合わせの前には、かならずプランナーから新郎新婦が結婚式でやりたいと思っていることなどのこだわりを聞き、ふたりがイメージする世界観を把握します。数カ月にわたって、ふたりの要望をヒアリングし、イメージをひとつひとつ形にしてきたプランナーと同じ温度感を持って打ち合わせに臨む。これは、とても重要なことです。

2つめは、新郎新婦となるべく早くに打ち解けることです。私の打ち合わせでは、「はじめまして」の挨拶から最初の5分間は雑談タイム！　結婚式の話はしません。ふたりのプロフィールに書かれた内容で目を引く箇所を最初に聞いてみたり。「もう入籍されましたか？　苗字が変わったのには慣れましたか？　実は私、主人の苗字が加藤で、私の旧姓も加藤なんです。苗字が変わることに憧れているんです（笑）」と、自分のことをあえて絡めることも。ときには「農林高校の先生なんですね！　私も以前、市主催の農業塾に通っていまして。農業コンクールに出品してナスで銀賞もらいました！」という感じで、おふたりとの共通点から話をふくらませます。そして、「おふたりのことはもっともっと知りたいので、のちほど詳しくお伺いしますね。それではさっそく進行表から確認しましょう」といった流れで、本題に入っていきます。すぐに結婚式の内容を話すより、おふたりのプライベートや私の人となりから話を進めたほうが、私自身も堅苦しくなく話せるからです。

信頼を得るために心がけていることの3つめが、私自身が新郎新婦について「知りたい」と、興味を持つこと。昔から人の話を聞くことが大好きな自分にとって、実はこれはもっとも得意とするところ。自分とはまったく違う経験をしてきた、あらゆる人のあらゆる経験談や人生の歩み、生き様には興味津々！　つい前のめりになって聞き入ってしまいます。それぞれが経験した出逢いや喜びのエピソードを聞くたびに、まるで自分が経験したかのような気持ちになり、「よし！　自分もがんばろう！」と元気をもらえるのです。興味まして、結婚式という人生で最高の晴れの日に立ち会えるとなったら、なおのこと。興味はどんどん増してきます。

自分が人の話を聞くのが好きとはいえ、聞かれる相手にとっては戸惑いもあるはず。ポイントとなるのは、初対面のおふたりに、いかにご自身のことを語ってもらうかです。私の場合は、ある程度打ち解けたと感じたら、「ここからは、根掘り葉掘り質問タイムです！　芸能レポーターばりに突撃インタビューをしていくので、答えられる範囲で教えてくださいね！」と、一気にテンションを上げていきます。

おふたりがはじめてデートで行った場所やそのときの印象、おふたりの生い立ちから、それぞれの家族のことや学校でのこと、職場の雰囲気まで、列席者と関わりがある時代のことについては念入りに聞いていきます。そして、ご家族や主賓、スピーチをしてくださる方との思い出話を聞いたら、「披露宴のどこかでそのエピソードを紹介したいな」と想像しては、ワクワクするのです。

新郎新婦に興味を持つ。これは、とても大事なことだと思います。世間一般の司会者は、名前の言い間違いを恐れておふたりのことを「ご新郎さま」「ご新婦さま」と呼ぶのですが、私はかならず名前で呼ぶようにしています。おふたりだって、名前で呼ばれたほうが親近感を持つはずです。

このおふたりが、どんな人生を歩んで、どんな結婚式をしようと思っているか、さらにはどんな家庭を築きたいと考えているのか。「今まで」と「今」、そして「これから」を知りたいと思う。それをしっかりと態度で示せば、たとえ初対面でもおふたりは心を開いて、信頼してくれると私は思っています。

打ち合わせでのコミュニケーションがかならず当日に生きてくる

結婚を控えたカップルは、誰もが幸せいっぱい。そう思い込んでしまいがちですが、実際には、マリッジブルーと言われるようにナーバスになっている方は多くいらっしゃいます。女性だけではなく、男性も同じです。打ち合わせで、新婦が一生懸命話している隣で、浮かない顔をして、ひと言も話さない新郎など、〝結婚式〟に対する男女の温度差を感じるときもあります。結婚そのものが不安なのではなく、「結婚式で主役になるのが楽しみ」というイメージを、男性のほうが持ちづらいのかもしれません。新郎がつまらなそうにしていたら、彼の得意分野に話を振ってみたりします。釣りが好きなら「何釣りですか？　どこで釣りをすることが多いのですか？」。BGMにこだわっているなら好きな音楽の話、草野球の仲間がたくさん来てくれる予定なら、野球の話や休みの日の過ごし方など、なるべく話しやすいと思われるトピックを見つけます。私が知らないことが多ければ「そうなんですね。もっと教えてください！」と質問。

実際、お客さまから教えてもらったことは、ゴルフの基礎知識や音楽のレゲエ、漫画『ワンピース』の泣けるエピソードなど、たくさんあります。その話が直接披露宴のなかで生かせるかどうかは別として、こういった脇道にそれたと思われる雑談から、より相手を知ることができ、同時に心の距離も近付くのです。

新郎新婦、ひと組ひと組に個性があるように、司会者にも個性やスタイルがあります。打ち合わせでは、私の司会スタイルについて知ってもらうことも大切です。たとえば、私の場合は、「プロフィール紹介のとき、ふたりにもマイクを持ってもらってインタビュー形式にしてもよろしいでしょうか？」とお伺いし、「加藤さんはけっこう、私たち自身が話す機会をつくるスタイルなんだな」と感じてもらえるようにしています。また「ご親族のなかで、幼い頃からとてもかわいがってくださった方や、お話をするのが好きな方、結婚式をとても楽しみにしていると言ってくださっている方はいらっしゃいますか？」とお伺いすることもあります。その理由は主役のおふたりのことだけでなく、列席するゲストの情報をヒアリングしておくことで、当日、それぞれのゲストの想いを汲《く》むことができるし、場合によってはマイクを向けることもできるから。事前におふたりには、私の大切にしたいこの想いを知っておいていただきたいなと思うのです。

他にも、進行の確認をしながら、「それなら、ここでは私がこんな振りをしますね」と、打ち合わせ。こうした会話をしながら、司会者としての自分の個性をアピールし、お互いにイメージを共有していきます。

こうして、当日の流れも双方が把握し、コミュニケーションもしっかり図れ、ふたりの個性もやりたいことも知ることができて、ようやく信頼してもらえるのではないでしょうか。

ところで、なぜ、そこまでして信頼を得ることが重要なのでしょうか。答えは、おふたりに「あとは、お任せします」と思ってもらえるからです。披露宴は台本もなければ、リハーサルもありません。打ち合わせを入念にしたとしても、当日は何が起こるか分かりません。むしろ、カッチリと決めたことを寸分の狂いなく行うのではなく、当日の雰囲気を大切にするからこそ、いつまでも心に刻み込まれる、いい結婚式になるのだと思います。

打ち合わせを通して「司会者さんが言ってくれることなら、大丈夫だよね」「プランナーさんと司会者さんにあとはお任せしよう」と思ってもらえるのが私の理想です。実際に、そうおふたりが感じられると緊張もずいぶんほぐれ、当日を迎えるのが楽しくなってきた！　とおっしゃることが多いような気がします。

おふたりにとって自分たちが主役となる結婚式は、はじめての経験。当然、不安もたくさんあるはずです。「何かひっかかることはありますか？」と笑顔でお伺いすると、たいていの方はひとつふたつ不安なことがあるものです。その不安を解消し、「お任せします」と言ってもらえるくらいの信頼を得て、自分自身が司会者として最高のパフォーマンスを発揮できるように段取りをする。それが打ち合わせの目標と言っても過言ではありません。

打ち合わせを通して、ふたりのこだわりを読み取る

こうして、偉そうに話している私ですが、司会者になりたての頃は、プレッシャーと抱えている責任の重さに耐えられなくて、何度も辞めようと思ったんですよ。というのも、

プラスの場合は、プランナーがお客さまひと組ひと組のコンセプトをしっかりと把握し、ひとつとして同じものはない結婚式を創るんです。プランナーが何カ月もかけてプランニングした進行表をもとに、当日、実際に進行していくのは司会者です。つまり、練りに練った演出や流れを生かせるかどうかは司会者次第、責任重大です。

かつて、こんなことがありました。司会者になって一年後くらいの出来事です。

ある披露宴で、新郎新婦がキャンドルサービスを行ったんです。各テーブルを回りながらキャンドルに火を灯し、いよいよ最後のメインキャンドルに点灯というときです。そのとき、ふと、「加藤さんはしゃべりすぎるから、コメントはなるべく控えて」というアドバイスが頭をよぎり、「おふたりが手と手を取ってメインキャンドルに点火です」とシンプルにコメント。プラスのセオリー通りにやったつもりが、披露宴のあとで担当のプランナーさんに「加藤さん、メインキャンドル点火のときのコメント、あれはなかったと思います」と言われました。理由を聞きました。

「新郎新婦はキャンドルサービスの演出に料金を支払っているんです。メインキャンドルひとつにしてもお金がかかっているのです。時間にして1～2分にお金をかけ、こだわった演出は、それこそ〝見せ場〟ですよね。それをあっさりと『ハイ、どうぞ』みたいに流されては、ふたりのこだわりがゲストに通じません。ふたりが気持ちよく、メインキャンドルに火を灯せるように促すことこそ、司会者の役目だと思います」

言い返す言葉はありませんでした。くどいコメントではなく、ふたりのこだわりが伝わるようなコメントとは何かを探るヒントは、やはり打ち合わせにあったと思います。照明を落とし、光を灯す、ロマンティックな雰囲気を好むには何か理由があるはず。たとえば、「仕事が忙しいふたりはデートがいつも夜で、海に行って灯台の光や夜の星を一緒に眺めていた」というエピソードを持っているふたりがいたとして、もしそれが打ち合わせで分かっていたら、コメントとして紹介し、そのロマンティックなデートを思い浮かべながら、列席者全員でふたりのメインキャンドルへの点火を温かく見守ることができたはずです。

もちろん、コメントをしなかったからといってクレームにはならないし、誰かが困るというものでもありません。けれど、ふたりの口にはしないこだわりをちゃんと読み取ることで、たった一回の披露宴ですべての演出に「やる意味」を持たせることができるのです。それに気づいたとき、私は打ち合わせの重要性を感じたのです。

自分が司会者になり、現場を経験すると、同じように「しゃべる」ことを仕事とするアナウンサーとは違うと実感する点がいくつかあります。それは、きれいに話し、かつ情報を正確に伝えるアナウンサーに対し、司会者は「相手から話を引き出す」能力が必要という点です。おふたりのことを「知る」ために、自分から積極的に話をして、おふたりの情報を「引き出す」。さらに、本番では、不意にその引き出した情報を「伝える」という場面が出てきます。

新郎新婦の言葉を通して伝えるか。ゲストの言葉を通して伝えるか。あるいは、司会者の口から伝えるか。それを頭のなかでしっかりと吟味する技術が必要なのです。

たとえば、ご友人のスピーチの内容が、新郎新婦から事前に聞いていた出逢いのエピソードとリンクした場合。「そのときのことで、とっておきの裏話があるんですよね？」と、すかさず新郎新婦にマイクを向けることもできます。「あ！　この話、打ち合わせのときにした！」とお互いの心が通じ合えば、たとえ、その場での突然の振りだとしても、ほとんどの新郎新婦が、すんなりと「実は……」と話を続けてくれます。

新婦の友人のスピーチがある場合、打ち合わせで「幼馴染で、小さい頃からなんでも相談できる、まるで姉妹のような大切な友人」といった間柄を聞いたとします。そのことを私の口から「実はふたりは……」などとは細かく話しません。姉妹のようになんでも話し合えたエピソードがふたりの口から語られるように、交互にマイクを向けていくことに徹します。

司会者が流暢に語ったエピソードよりも、涙ながらでも本人たちの口から聞いたほうが、誰の心にも残るもの。それをプラスで知ったとき、私はますますウエディングの仕事が好きになったのです。

新郎新婦それぞれに、結婚式に対する思い入れがあると思うのですが、私のなかで忘れられない新郎新婦がいるんです。おめでた婚のカップルだったのですが、打ち合わせで一度も新郎が顔を出さなくて。結婚式の準備はすべて新婦とプランナーが行っているようでした。明らかにふたりの間にある温度差を感じて、「このカップル、本当に大丈夫なのだろうか」と本気で心配をしたほどです。

迎えた当日。はじめてお会いした新郎は、支度中も気乗りしない様子。ところが、ゲストが次々と集まってきている様子を見て「わー緊張してきた！　みんな来てくれてありがたいねぇ」と。さらに、ゲストみんなに「おめでとう！」「よかったな！」と声をかけられるたびに、新郎の表情がみるみる変わっていったんです。そして、いよいよ最後の締めである、新郎の謝辞。彼はこう話し始めたのです。

「子どもが先にできちゃって、正直、結婚式や披露宴をするのも今日の今日まで、やらなくてもいいんじゃないかって、ずっと迷っていました。でも、式を挙げようか挙げまいか迷っているとき、先輩から『たくさんの人に祝福されたという幸せな思い出を持って出発するふたりなら、つらいことが起こっても必ず一緒に乗り越えられるよ』と言われて。その言葉の意味が今、とてもよく分かる気がします。僕は、今、皆さんの前で誓います。嫁さんもこれから生まれてくる子どもも一生大切にしていきます！」

新郎の隣にいた新婦もゲストもプランナーも、そして私も、その会場にいた誰もが涙、涙でした。結婚式は夫婦として新たな人生が始まるその第一歩をみんなに祝ってもらい、見届けてもらうことが何より大切。そして、自分たちのために集まってくれた人たちからお祝いの言葉をかけてもらうことで、夫婦としての自覚が生まれるのですよね。

「なぜ、大金を使ってまで結婚式をするのか、その意味が分からない」。最近では、そんな考えから式を挙げないカップルも多いと聞きます。おそらく、この新郎も最初はそうだったのでしょう。けれど、式を挙げたことで、自分はこんなにも多くの人に愛されているのかと知る。結婚式の価値は、実際に挙げてみてはじめて実感するものだと思うのです。

そして、その価値を高められるのが私たち司会者という存在。「式を挙げてよかった」と思ってもらえる〝言葉〟をいかに引き出すか。このことに尽きます。

同じ新郎新婦も、同じ式もないのが結婚式。今度の新郎新婦はどんなふたりなんだろうと、打ち合わせの前にはワクワクした気持ちになります。仕事でそう思えるのは幸せですよね。私は子どもがふたりいるのですが、女性が子育てをしながらでもずっと続けられるというのも司会者のいいところだと思います。妊娠や出産、育児の知識と経験が新郎新婦へのアドバイスとして役に立つこともあります。自分が親になって感じるのは、今までは新郎新婦の想いばかり考えていたのが、親の想いを強く感じるようになったこと。生い立ち映像に映る幼い日の新郎新婦の表情を見ると、家族が経てきた時間に想いが巡って、涙がほろっと出ることもあります。「いい人に出逢って幸せな人生を送ってほしい」。そう願いながら我が子の門出を見守る親御さんにとっても、結婚式はとても大切な時間なのです。

私自身、ふだんは子育てに追われていても、きちんとメイクをし、身支度を整えてマイクを持てば、気持ちがシャキッとして一気に仕事モードに入ります。そんな気分のメリハリと責任感は、仕事があるからこそです。何歳になっても続けていたいと思えるこの仕事に出逢えたことも、私にとってはとても大きな収穫です。新郎新婦の幸せに寄り添う司会者という仕事。これからも、さらに突き詰めていきたいと思います。

司会者・加藤実由紀の

『打ち合わせの極意』

①打ち合わせは、新郎新婦と信頼関係を築くことから始まる
②ウェディングプランナーと同じ温度感を持って打ち合わせに臨む
③ふたりがイメージする世界観を共有する
④新郎新婦の不安を取り除くことも司会者の仕事
⑤司会者としての「自分の個性」も伝える

コラム　笑いと涙の結婚式ストーリー①

加藤実由紀

「式は挙げたくない」と話していた兄が「式を挙げてよかった」と笑顔に!

今からちょうど3年前のお正月明け。長らく独身貴族で、家族の誰もが「結婚しない」と思っていた兄が、突然、実家に婚約者を連れてきました。

家中が驚きと喜びで、大盛り上がりのなか、「結婚しようと思うけど、結婚式はしたくない」と兄。

兄が式を挙げたくない理由はいろいろあったようです。

いちばんは列席者について。会社関係も呼ぶとしたら、社長をはじめ上司・部下を招待すると、呼ばれた方も、そして自分たちも気を遣って思う存分楽しめないのではと。さらに、その2年前に結婚した私の結婚式に参列して、あまりの盛り上がりぶりに「あれを超えるのは難しいから」とも。

妹として、そして、結婚式に関わる仕事をしている身としては、「そんな理由で式を挙げないなんて、もったいない！」。

すぐに、「ふたりに似合いそう！」と直感でひらめいた、大人でおしゃれな雰囲気のブラスの会場に電話。兄と義姉に「とりあえず、見学だけでも行ってみて」と、その足で、そのまま会場へ送り込みました（笑）。

実際に会場に足を運んでみると、そこで出逢ったプランナーやシェフのおもてなし、想いを感じて「結婚式をやってみたい！」と一気に気持ちは盛り上がり、なんとその場で成約！

式までのおよそ3カ月間は、可能な限り私も打ち合わせに参加し、お客さまの立場とスタッフの立場を同時に体験。後にも先にもないくらい貴重な経験でした。

私がいちばんにすすめていた前撮りも実現。春の庭園での撮影は、義姉の花嫁姿がとても映え、それはそれは、美しい光景でした。

お義姉《ねえ》さんには前撮りと当日で、ウェディングドレス2着、カクテルドレス一着、白無垢、色打掛……と、花嫁気分を存分に味わってもらうことができ、妹としても大満足。

兄夫婦の結婚式当日。ゲストは親しい友人と家族のみ。司会者は、「絶対にいい結婚式にするから！」と宣言をした私が担当。表は「司会者」、裏返せば「新郎のいもうと」と文字を書いたプレートを首から下げて司会に臨みました。

この表裏を場面によって使い分け、妹の立場で鋭くコメントするときは、プレートをひょいとひっくり返して「いもうと」に。プロフィール紹介では、「司会者」として紹介しつつも「兄ちゃん、私たちの知らないところで、こんなプロポーズしてたのねぇ」と、妹としてひと言。これには皆さんも大笑い！　たじたじになっていた兄も、次第に笑顔いっぱいで心から楽しんでくれたようです。

披露宴中は、「司会」から「いもうと」に変えて、家族と一緒に食事をして、テーブルフォトで写真撮影も満喫。ゲスト気分も存分に味わいました。

テーブルインタビューでは、兄の学生時代の友人が、過去のエピソードを面白おかしく披露してくださり、新婦側の友人やご家族も、義妹が司会だけに、緊張せずに気軽にたくさんの話をしてくださいました。そのどれもが温かい言葉ばかり。

新郎新婦も家族も友人も、その日集まったみんなが「いい人に巡り逢って、結婚できて本当によかった！」と笑いながら、涙。そして、兄も義姉も「結婚式を挙げてよかった！」と。

笑いながら、なぜかじんわり涙。

あぁ、これが私の理想とする結婚式のカタチなんだ。そう、気づいた瞬間でもありました。

笑いも涙もつくり込むものではなく、その場の空気が自然と生み出すもの。司会者の技量は、その場の空気をふたりやゲストが望んだものにできるかどうか。そのために話し方や声のトーン、話の聞き出し方や「間」を研究するわけですが、最終的には、「どれだけ相手の立場になれるか」ということのような気がします。

新郎新婦が自分の兄弟姉妹だったら、新郎新婦が自分の子どもだったら、新郎新婦が自分の親友だったら、尊敬する先輩だったら、かわいい後輩だったら……。

短い期間の関わりしか持てない司会者が、どこまで身内のように相手の立場になれるか。

そのためには、打ち合わせのときに新郎新婦からたくさん話を引き出しておくこと。当日はじめてお会いするゲストの雰囲気と表情を見逃さないこと。

自分の兄の結婚式に準備から立ち会った経験が、相手の立場になる重要性をより強く感じさせてくれました。

「ふたりの結婚を実感する時間に」
伝えたい想いを届けるための、言葉たち

Chapter 2

松岡　しほ

Shiho Matsuoka

profile

司会者歴15年。

ブラスで司会をしている友人の話を聞いて興味を持ち、レッスンを受ける。プロフェッショナルとして、ひとつひとつにこだわりを持って向き合う姿は冷静沈着。他の人が気づかないところにまで目が行き届き、常に一歩先をいく対応が、年配のゲストや新郎新婦の両親からも高い評価を得ている。

結婚式の「意味」を伝えることは司会者の役目

司会者になって今年で15年目を迎えます。最初は習い事感覚で司会のレッスンを受けていたのですが、司会の仕事内容を知れば知るほど魅了されていきました。責任もあり感動も得られる、なんて素敵な仕事なのだろうと。

結婚式に関われば関わるほど、「結婚」は、多くの決断を伴うものだと実感します。親元から独立し、自分で新たな家庭を築く決断。「この人と結婚をする」と、ひとりの人を相手に選ぶ決断。このタイミングで新たな人生に踏み出すという決断。そして、いつ、どこで、誰を招いて結婚式を挙げるかという決断。今、自分の目の前にいる新郎新婦は、あらゆる選択肢のなかから、あらゆる決断をして今に至るのだと思うと、私自身の背筋も伸び、身の引き締まる思いがします。

結婚式を挙げない人も増えているなかで、「このおふたりは結婚式に強い想いをお持ちなんだな」と思う方々がいます。そのひとつは、挙式スタイルを人前式に決めた方々です。

キリスト教式や神前式など、いくつかの挙式スタイルのなかから、決まったプログラムがなく、ゼロの状態からひとつずつ内容を決めていく必要のある人前式を選ばれたのには、それ相応の理由があるはず。「新たな人生のスタートを、今までお世話になった大切な人たちに誓いたい」。そのハッキリとした意思を感じないわけがありません。

人前式は多くの場合、司会者が進行を行います。そのときに、ただ形式的にプログラムをなぞるように進行しては、おふたりの意思を反映しきれません。プログラムに関しては、新郎新婦とプランナーとでどんな内容を盛り込むかなど、おおよそのことは決めていきます。一方、司会者は司式者として、おふたりの結婚式に寄せる想いを列席者にきちんと「伝える」のが大きな役目とも言えます。式のプログラムがイレギュラーな場合はとくに、プランナーとしっかりと話をし、ときには新郎新婦から直接、その演出を行う理由やこだわりをお伺いします。

神様に誓うなど、宗教色はいっさいなく、列席者ひとりひとりに結婚の誓いを立てる。それが人前式です。だとしたら、列席者の皆さまに証人の役目を担っていただくことになります。

そのため、新郎新婦が入場する前に、これから始まる人前式はどういった内容で、列席者の皆さまには、式を見ているだけではなく、立会人や証人として参加してもらいたいということをお伝えします。

また、人前式では列席者が立会人として、結婚への賛同の意思を拍手で表すなど、列席者ひとりひとりに証人としての役目がありますので、それをしっかりと認識していただく必要があります。「おふたりが夫婦となることを認めていただける方は、心を込めて賛同の拍手を」などの一文を伝えることで、拍手は単なるお祝いの表現ではなく、列席者個人の意思の表現だということを理解してもらうことも大切です。

キリスト教式や神前式などに比べ、人前式は唯一、司会者が式に携わることができます。それだけに、おふたりの想いを汲んで大切に司式をしたいと思うのです。

「ふたりの結婚」を感じる、空気をつくり上げる

挙式は、おふたりの人生にとってとても重要な儀式です。時間にして20分ほど。2時間半以上の披露宴に比べればとても短い時間ですが、私は披露宴以上に緊張しますし、より責任感を持って臨むように意識しています。

挙式で、私が最初に心がけることは、人前結婚式がフォーマルなものであることを列席者に分かってもらうことです。教会や神殿といった神聖な場所ではなく、チャペルやガーデン、披露宴会場などでも行われるため、一見、カジュアルな印象を持つ人もなかにはいます。けれど、式を挙げる意味は各宗教の結婚式と同じように、ふたりにとっては大切なこと。それを伝えることが重要になってきます。

そのひとつとして意識して行っているのが、ゆっくりと、低めのトーンにした話し方です。そして、「指輪の交換」や「誓いの言葉」など、これから行われるセレモニーに関しては、できるだけ短い説明にするのもポイントです。

長い文章ではなく、最小限の言葉に絞ることで、列席者は、かえって目の前で起こることに集中できます。「おふたりの想いを伝える言葉を吟味する」。それもプロならではの気遣いとテクニックなのだと思います。

挙式では、音楽もその場の雰囲気を盛り上げるのにとても重要なポイントです。入場シーンや指輪の交換、ヴェールアップなどのシーンでは生演奏などで、ドラマティックに見せ場をより印象づけます。ゆったりと流れる音楽のなかで行われる儀式では、まるで映画を観ているような、美しくも感動的な光景が繰り広げられます。

そうしたシチュエーションに集中してもらうためには、あえて司会者が言葉を発しないことも大切です。目で見たもの、耳で聞いたものが列席者の記憶に刻まれるよう、音楽を含めたその場の空気を大切にする。その心がけも必要。

挙式というシンプルな内容だからこそ、ひとつひとつの言葉選び、空気感、声、想いが際立ってくるものです。結婚式をお手軽でカジュアルなものには決してせず、意味あるものにすることは、結婚式に携わる者として忘れてはいけないと常に肝に銘じています。

温かみのある雰囲気を味わえるのも人前式の魅力

結婚式は、ふたりの結婚を新郎新婦自身と列席したゲストが実感する時間であってほしい。新郎新婦を見ながら、いつもそんなことを感じています。決められた儀式を淡々とこなすのではなく、自分たちで考えた入場方法や誓いの言葉など、そのひとつひとつを行うことで、より「おふたりらしさ」のある結婚式を実感できるのも人前式ならではです。そして、ふたりをよく知る方々に証人になってもらう式は、宗教に則った式ではなかなか味わえないアットホームなぬくもりもあります。

たとえば結婚指輪の交換のシーン。小さなお子さんがリングガールを務めたとします。実は、このシーン、「ちゃんと祭壇までたどり着けるかしら？」と誰もが心配になり、ハラハラすることが多いもの。そんなとき、列席者のなかから「がんばれ！」「あと少し！」なんて声がかかることも。たとえ、途中で泣きながらママのもとへ走り出してしまったとしても、それを見て、たまらずみんなが声に出して笑ってしまえるのも、気が置けない人たちばかりがいるからこそ。そんなときは、私も一緒に「がんばれ！」と声をかけたりもします。

誓いの言葉に、あえて笑える内容を盛り込む新郎新婦もいらっしゃいます。そんなときは、列席者の皆さんが声に出して笑うのも、もちろんありです。杓子定規《しゃくしじょうぎ》に式を進めるのではなく、温かい眼差《まなざ》しで、新郎新婦が臨む式に一緒に向き合う。オリジナリティにあふれた「ふたりの結婚」を感じる、そうした空気づくりを行えるのも、人前式ならではの魅力です。

結婚式は新郎新婦が「夫婦」になるための儀式です。そして、ふたりが結婚するにあたって、誓いを立て、列席者から賛同を得て、結婚を承認してもらうのが人前式。ですから、人前式での主役は新郎新婦であり、証人である列席者の皆さんです。そうしたことを考えたとき、司会者の存在感をあえて消すこともときには必要です。

披露宴では、マイクを持って新郎新婦やゲストの声を拾いに動き回る私ですが、挙式のときはあえて司会台から動かないようにし、列席者の視線が新郎新婦に集中するようにします。それは、新郎新婦の動き、表情、言葉、聞こえる音楽、それらに集中し、結婚式に立ち会っているという実感を味わってもらいたいからです。

新郎新婦は、大切な方々の前で誓ったことを生涯を通して守り抜こうと心に決め、列席者の皆さんはこれから先もずっとこの夫婦を応援していこうと心に決める。そんな場であったらいいなと。そうした場をさらに一歩引いたところから見守るのが、司会者の役割なのではないでしょうか。

「ファーストページ」――それは私たちから親御さま、新郎新婦へのプレゼント

ブラスでの人前式では、新郎新婦と親御さまへのちょっとしたプレゼントを用意しています。「ファーストページ」と名づけられたその演出は、人生という名の物語、その最初の1ページである、新郎新婦それぞれが生まれてきた日のことを挙式の最初に朗読するプログラムです。これは、挙式前に新郎新婦の親御さまに直接お話を伺い、実際に親御さまがお話しになった言葉を用いて私たちが文章を考えます。

新たな命が誕生するその日をどれだけ待ち望み、そして、その手に抱いた我が子をどれだけ愛《いと》おしんだか。たった一日の、でも、親御さまにとっては生涯忘れることのできない宝物のような出来事を綴ったストーリーは、読んでいる私ですら胸に込み上げてくるものがあります。

そして、その日から20年以上が経った今。あの日に誕生した小さな赤ちゃんは、立派に成長し、親元から巣立ち、自分たちで新たな人生を歩み出そうとしている。新郎新婦にとっては、自分たちがどれだけたくさんの愛情と期待のなかで生まれ、育ってきたかが実

感できる貴重な時間になると思います。この朗読は、新郎と新婦それぞれのファーストページであるとともに、父として、母としての人生を歩んだ親御さまにとってのファーストページを綴るものなのです。そして列席の皆さんはファーストページを聞いて、ふたりの誕生した日に思いをはせ、ある人は親御さまの気持ちに寄り添い、またある人はそれぞれの人生を歩んできたふたりが出逢い、今日という日を迎えたことが、いかに尊いかを実感する。そんな時間になると思います。

人前式ではファーストページ以外でも、見えるところ、見えないところで新郎新婦から親御さまへの感謝の気持ちを伝える場面を大切にしています。新郎新婦それぞれが親御さまと一緒に入場するということもあります。また、親御さまに『感謝状』や『子育て卒業証書』を渡したり、披露宴ではなく、挙式のなかで新郎新婦それぞれから感謝の手紙の朗読をすることも。

またブラスでは、式が始まる前に新郎新婦と親御さまの対面の時間をできる限り設けるようにしています。式が始まってしまえば、親子が顔を合わせてゆっくりと話をする時間はあまりないもの。ですから、式が始まる前に親子水入らずの時間をつくってあげたい――。

「今まで本当にありがとう」

「今日一日、どうぞよろしくお願いします」

ふだんは言えない感謝の気持ちを伝える息子、娘に、親御さまは肩を抱いたり、手を握って「おめでとう」と伝えたりします。一見ぶっきらぼうなお父さまがそこだけは涙を流されることも。私たちは、そうした様子を少し離れた場所からそっと眺めるだけ。誰に見せるわけでもない、親子の時間はとても美しく、貴重なものだと思います。その光景を目と胸に焼きつけて、私も、この家族のためにすべてを尽くそうと思えるのです。

挙式の温かな雰囲気が、一体感のある披露宴をつくる

挙式ですでにおふたりらしい空気感ができ上がったら、そのままの雰囲気で披露宴へと入ることができます。おふたりのプロフィール紹介も、履歴書をなぞったような内容ではなく、新郎新婦本人やときにはゲスト、家族にマイクを向けてふたりの人となりがより伝わるように心がけます。挙式で温まった場の温度を下げることなく、披露宴をスタートさせる。そのさじ加減も大切です。

私がよく取り入れるのが、人前式で誓った言葉のおさらいです。新郎が「朝のゴミ出し

は僕がやります！」「年に一回は旅行に連れていきます！」と誓ったら、披露宴で話をふくらませ、「やるのはゴミ出しだけですか？」「ところで最初の旅行はどこがいいですか？」と質問。新婦がハワイと言ったら、新郎に「分かりました！　彼女の希望通り、年内にハワイに連れていきます！」と、新たな誓いを立ててもらったり。

挙式に関しては、ついさっき、ここにいる全員が同じものを見て聞いただけに、みんなで一緒に盛り上がれます。ときには、親御さまのところへ行き、「いかがでしたか、息子さんの誓いの言葉は？」なんて、聞いてみたりもします。

挙式の緊張感から解放され、みんながホッとしながら本音を語り出す。その空気感を一緒に楽しめることに司会者としての醍醐味も感じます。司会者はふたりらしい結婚式、ふたりらしい披露宴にするための、きっかけづくりが仕事。そんなことを思わずにはいられません。

司会の仕事を始めて15年経ちますが、毎回がプレッシャーの連続です。でも、それがないとつまらない。婚礼がない週末は、かえってそわそわするくらい（笑）。長年の経験者として、私が新郎新婦や若手のスタッフたちにいちばんに与えられるのは「安心感」だと思っています。数カ月から、人によっては一年以上もの時間をかけてつくり上げていく結婚式。その当日を委ねられる身として、「この人なら任せても大丈夫」と思ってもらえることが重要です。

人前式の段取りも、披露宴の段取りもふたりが構想を考えたとはいえ、当日、その場になってみないと分からないことはたくさんあります。「何かあれば、プランナーも私もそばにいるから大丈夫。安心して式に臨んでください」。新郎新婦のおふたりには、打ち合わせでも、式でもそうお伝えします。ときには冷や汗をかくようなハプニングも。でも、式が終わって、おふたりが遊びに来たときに「あのとき、こんなことがあったよね」と笑って話せるほほ笑ましいエピソードたちは、実は感動のシーンと同じくらい話題になるものです。ひと組ひと組のカップルからたくさんの幸せと経験をいただける司会というこの仕事を、私はこれからも大切にしていきたいと思っています。

司会者・松岡しほの

『人前結婚式の極意』

①なぜ人前式にしたのか、その意味をゲストに伝える

②シーンごとに合わせた話し方や言葉を選ぶ

③雰囲気を演出する音楽も大切にする

④おふたりの結婚を感じる空気づくりに徹する

⑤おふたりに集中してもらうため、司会者はあえて存在感を消す

コラム　笑いと涙の結婚式ストーリー②

松岡しほ

3歳と5歳、ふたりのかわいい司会者と一緒に心を込めてつくり上げた、心温まる人前結婚式

つい先日、とても心温まる人前結婚式がありました。

事前に、新郎新婦より「できれば、甥っ子と姪っ子も一緒に司会をさせていただきたいのですが……」と申し出がありました。「将来アナウンサーになりたい、中学生くらいのお子さんなのかなぁ」と、勝手に想像していたのです。ところが、担当のプランナーに確認を取ってみると、なんと、3歳の男の子と5歳の女の子！　予想以上の若さです（笑）。

さて、何をどこまで司会してもらおう？？？

プランナーと相談して、まず、司会者との打ち合わせの日に、お子さんたちにも会場に

来てもらうことにしました。そして、新郎新婦と一緒に、実際の挙式を想定して動きながら、どこでどんなコメントをするかを考えていきました。

当初、新郎新婦からは「入場!」や「退場!」などで十分と言われていましたが、それだけではもったいない。「司会者の自己紹介」から始まり、「新郎入場」と「新婦入場」。さらに、「誓いの言葉」「新郎新婦退場」など、できる限りの出番をお願いすることにしたのです。

さあ、いよいよ迎えた結婚式当日。かわいいふたりの司会者は、ママ手づくりのかわいい台本を手に、ゲストの前に立ちます。

先輩司会者の私は、「□□□□くん、△△△ちゃん、今から始まるよ! がんばろうね!!!」と、小さな声でふたりに声をかけ、まずは私から人前結婚式の説明。続いて皆さまにアナウンス。

「本日は、なんと、小さなかわいい司会者さんが結婚式のお手伝いをしてくれます」

緊張感たっぷりに祭壇に上がったふたりの司会者さんは、

「□□□□と△△△です! よろしくおねがいします!!」

ドキドキの表情と元気いっぱいの自己紹介。そのかわいらしさに、会場が大きな拍手と笑顔に包まれます。

「それでは皆さま、後方の扉へとご注目ください」

そして私はふたりに目くばせ。ふたりは小さく「せーの」と息を合わせて、ゆっくりと大きな声で、

「しんろう、にゅうじょう！」

ふたりのかわいらしい声が響きます。続いて……

「しんぷ、にゅうじょう！」

お子さんの声で扉が開き、ふたりが大好きな新婦、あっこちゃんの入場です。無事に新郎新婦をお迎えし、

「ちかいのことば！」

ここまできたら、あともう一息。次の出番まで、ママの隣で休憩です。式はその後、署名、指輪の交換、誓いのキスと進み、クライマックスとなる、賛同の拍手へ。

人前結婚式は、人の心に愛を誓う結婚式。宗教や様式にこだわらず、新郎新婦のおふたりが尊敬し、信頼を寄せる皆さまの前で夫婦の誓いを交わします。そして、ご列席の皆さまにはおふたりの結婚の立会人となっていただき、その承認を得ることで、おふたりは晴

れて夫婦となります。賛同の拍手は、立会人の皆さまから結婚のご承認をいただく大切な拍手でもあるのです。

「さあ皆さま。本日の挙式は、人前結婚式。ご列席の皆さまが、おふたりの結婚の立会人です。ここで、立会人の皆さまにお伺いいたします」

ふたたびお子さんたちの出番です。

新郎新婦の横に並び、立会人の皆さまに大きな声で問いかけます。

「まーくんとあっこちゃんがけっこんしてもいいですか！　いいひとは、はくしゅしてください！」

お子さんたちの言葉に、大歓声と笑い声、そして、われんばかりの大きな拍手！　これ以上ないくらいの承認をいただき、おふたりの結婚はめでたく成立したのです。そして……

「まーくん、あっこちゃんおめでとー！　しんろうしんぷたいじょう！」

人前結婚式は大成功です。お子さんたちの表情は、安堵と達成感で輝いていました。無事に新郎新婦を送り出したあとには、一生懸命がんばってくれたお子さん司会者さんにも、大きな、大きな拍手が送られました。ふたりはなんだかちょっと誇らしげで、ママの目には涙があふれていました。

なんともほほ笑ましくて、温かな結婚式。立ち会ってくださった皆さまの心にも、温もりある想い出として刻まれたようです。そして、もちろん、私の心にも。

当日120%の力を発揮するために、100%の準備と20%の心の余裕を持つ

Chapter 3

若杉　由紀子

Yukiko Wakasugi

profile

司会者歴10年。

大学在学中に水族館で見たイルカのショーに魅せられ、イルカの調教師に。ショーで身につけたMCのスキルを違う形で生かしてみたいと、23歳でブラスの司会者養成スクールに入学し、結婚式の司会者としてデビューを果たす。爽やかな語り口が人気の一方、「自分はこうしたい」という、ハッキリとした意思を持つ、こだわり派の一面も。

前職はイルカの調教師。ショーでMCの重要性を知る

前職はイルカの調教師。珍しいですよね？　私も自分以外で調教師の職歴を持った結婚式の司会者を見たことも聞いたこともありません。昔から、「やりたい！」と思ったことには脇目もふらず、まっしぐらに飛び込んでいく性格。調教師の仕事も、大学1年生のときに、たまたま遊びに行った水族館で見たイルカのショーにすっかり魅了されてしまって。小さい頃の夢だった、ということを思い出したんです。その年の冬休みには、水族館でアルバイトしながら調教師になるための実習をしていました。

そのまま、親の反対を押し切って大学を中退し、19歳で調教師になり、イルカのショーでデビュー。私が勤めていた水族館では、調教師がパフォーマンスだけではなくMCも担当していました。そのときに、MCひとつでパフォーマンスをさらに魅力的に盛り上げられることを知ったんです。MCで使う言葉やタイミングひとつで、ショーをさらに迫力ある楽しいものに押し上げることができる。パフォーマンスとはまた違う、MCの重要性をショーでずいぶんと学びました。

そんなある日、たまたまテレビで結婚式の司会者に密着する番組をやっていて。「MC

を極めたこんな仕事もあるんだ」と、興味津々。当時はまだ21歳くらいでしたから、結婚式に列席した経験もなし。未知の世界だったものの、番組で見た司会者のプロ意識に感化され、またもや「コレだ！」とスイッチがオンに。

その後、結婚式の司会者になる方法をリサーチ開始。そんななか、出逢ったのがプロの司会者を養成していたブラスでした。すぐに、スクールに入学し、そこから10カ月間かけて、発声や滑舌など基礎からレッスン。

デビューのときのことは、今でもはっきり覚えています。お客さまには、一組目とは伝えていませんでしたから、堂々と振る舞っているものの内心は不安でいっぱい。とくに、難しかったのがテーブルインタビューです。

レッスンではアドリブの練習を徹底的に行うのですが、こればかりは当日、その場になってみないと、どんなお客さまで、どういった返しが来るのか分からない。どなたに声をかけていいのか、そこから迷いましたね。「この方だったら、大丈夫そう」と目星をつけてマイクを向けた親族の男性に、「オレ、こういうの答えるの苦手だから、お前が代わりに答えてよ」と、隣の奥さまに譲られてしまって……。

披露宴後、「あぁ、ダメだったか……」と落ち込んでいると、陰で見ていてくれた先輩に、「とっさに、お隣の奥さまに『助け舟を出していただいてありがとうございます』なんて、よく言葉が出てきたね」と褒めていただいたんです。それだけで、嬉しくて、また次もがんばらなきゃって思えました。ちなみに、最初の頃はとにかく苦手だったテーブルインタビューも、今ではいちばん好きなシーン。「あの人に話を聞いてみよう！」と、目星をつけるのがすっかり得意に。

私の場合、23歳でデビューしたので、ほとんどの新郎新婦が自分より年上。そこで、自分でも年齢を感じさせない落ち着きと安心感を与えるための努力は、それなりにしてきました。それは決して、見た目の雰囲気だけではなく、話をしてみて「この人なら大丈夫だ」と思ってもらえるようにすることです。

たとえば、打ち合わせをしていて、新郎が「僕、小さいときすごい太っていて」と、昔の写真を出したとします。そのときに、「ふっくらされていて、かわいらしいお子さんだったんですね」や「なかなか、貫禄のあるお子さんだったんですね」と言い換える。そうした細かな気遣いや言葉遣いで、年齢的な若さをカバーしてきました。おかげで、実年齢を言うと「そんなに若かったの!?」とびっくりされることもしばしば。度胸と貫禄はしっかりと身につきました（笑）。

打ち合わせではふたりのバックボーンを知ることを徹底

司会者になって今年で10年。自分のなかで「いい結婚式」にするために、プロの司会者としてこだわり続けていることがあります。まず1つめは、「新郎新婦やゲストの気持ちに寄り添う」ということ。「お客さま」としておふたりを見るのではなく、身内の結婚式をお手伝いするような気持ちで接するように心がけています。そのためにも、打ち合わせでは、ご家族のこと、生い立ち、馴《な》れ初《そ》め、結婚式に対するこだわりや想いといったことなど、できるだけたくさんのことを聞き、おふたりのことを知るようにします。

他にも、それぞれの人生のキーパーソンになった人や恩師との思い出など、式当日にお越しくださる方とのエピソードもヒアリング。また、消防士や教師、看護師などの職業に就いている新郎新婦には、なぜその仕事を目指したのか、夢を抱くきっかけとなった出来事なども聞きます。こうしたふたりのバックボーンを知ることは、あとあと、式当日のコメントとして生かすこともできるのです。

打ち合わせでは、ドレス選びなど、結婚式の準備に関わることもお伺いします。ドレスひとつにしても、色やデザインだけではなく、誰と一緒に選んだものなのか、何着くらい試着をしたのかなど。20着試着して、悩みに悩んで、やはり一着目に決めたという方もいれば、新郎が「これがいちばんいい！」とすすめてくれたからという人もいます。なかには、パンフレットで見た瞬間に即決という人も。

ひとつ何かを決めるにしても、それぞれに選ぶ過程も決め手も違い、それぞれにストーリーがあります。こうして、結婚式までに、自分のなかにおふたりの引き出しをたくさんつくっておくんです。そうすると、式当日に目にするドレス姿に「これが、あの！」と共感できますし、はじめてお会いするご両親や親族、主賓の方、お友達でも、「この方が、おふたりの言っていた……」と、親近感が湧きます。

自分が心を開いて、打ち解けることで信頼関係が築け、そうしてようやく「この人なら司会を任せても安心だ」と思ってもらえるもの。それを短期間で行うのには、やはり、自分からおふたりとゲストの気持ちに寄り添うことがとても大切だと思います。

結婚式に関わるすべての人の想いを忘れない

2つめは「人の想いを大切にすること」。新郎新婦やゲストはもちろんのこと、担当ウェディングプランナー、厨房スタッフ、カメラマンさん、ヘアメイクさん、お花屋さんなど、結婚式に関わるすべての人たちの想いが集まって当日を迎えることができるのだという意識を忘れずに、マイクを握るようにしています。

実は、そう思えたのは自分自身の結婚式が大きなきっかけとなっています。準備を進めていくなかで、結婚式に関わるたくさんの方の存在をあらためて知りました。現場でお会いする方だけではなく、ドレスコーディネーターや引出物屋さん、演出会社の方など、本当に多くの方が新郎新婦を支えていて、そのうちの誰かひとりでも欠けたら結婚式は成り立たないんです。

たとえば、ウェディングケーキの打ち合わせはプランナーとともにパティシエも同席します。「白をベースにして、ハート形のモチーフをたくさん飾って、トップには趣味のサッカーを楽しんでいるふたりの人形を載せて……」といった、ふたりの希望をパティシエみずからがデッサンに起こし、イメージを形にしていくのです。

ふたりのこだわりをプランナーとパティシエが完成させた、世界でたったひとつだけのケーキ。そのケーキを当日はじめて目にするふたりに、入刀の際にかならず感想を聞き、パティシエにマイクを通して声を届けます。そのほうが、「結婚式を全員で創っている」という実感を持てるから。新郎新婦やゲストだけではなく、表に出ることはない、つくり手たちに想いを伝えることも決して忘れないようにしています。

ちなみに、ブラスの会場では、ケーキ入刀は通常、披露宴の中盤あたりで行います。乾杯の前に行う会場もあるようなのですが、ブラスではそのタイミングでは行いません。なぜなら、盛り上がりに欠けてしまうから。ケーキ入刀は、笑顔いっぱいのふたりにゲストが惜しみなく「おめでとう」を言える場面。まだ披露宴が始まったばかりでは、ふたりも緊張していて、笑顔も不十分。ゲストもとりあえず、カメラを持ってケーキ台の周りに集まるものの、どこか遠慮気味になってしまいます。ケーキカットは見せ場のひとつなのに、それではもったいない。

だとしたら、料理もお酒も進み、これからお色直しというタイミングがベストです。すっかり和んだ披露宴会場に、パティシエみずからがケーキを持って登場してきたら、盛り上がらないわけがありません。それまで、歓談でざわついていたとしても、一瞬にしてみんなが注目します。

念願のケーキを目に感動する新郎新婦に、感謝に照れ笑いするパティシエ。その姿をほほ笑ましく見守り、写真に収めるゲストたち。最高のシチュエーションです。みんなの温かな想いが集まる瞬間をつくれるのも、チームで結婚式を創っているからこそです。

当日の空気を生かすための、完璧な準備と余白

3つめが「自分も一緒に、その場を楽しむ」。自分もゲストの目線に立ち、楽しむことができれば、気持ちが共有できて一体感をつくり上げることができます。当日を楽しむにはどうすればいいか。まずは、しっかりとした事前準備が必要。そのために、私たち司会者は、新郎新婦や担当プランナーと打ち合わせを重ねてイメージの共有を図ります。そして、ありとあらゆる場面を予測、想定して、完璧な準備をして本番に臨みます。そうすることによって、本番でどんなハプニングが起きても「想定内」と、落ち着いて対処ができるし、どんな場面においても、楽しむことができ、心の余裕も生まれます。「準備100%＋本番で臨機応変な対応ができる20%の余裕＝当日に120%の力を発揮」というイ

メージです。

「2割の余白を残す」

　これは、イルカの調教師をやっていたときに、いつも上司から言われていた言葉です。日々のトレーニングやショーのイメージトレーニングは完璧に。ただし、直前の準備ではあえて2割の余白を残しておく。ショーは天候や動物のコンディションによって状況が変わっていきます。どちらも、こちらの思い通りにはならないものです。そのときの状況によって、臨機応変に対応する余裕をあえて残しておくという教えでした。

　結婚式も同じです。よく、「結婚式は生き物だ」と言います。招待されるゲストの顔ぶれも、醸し出される雰囲気も、その日になってみないと分からない。だから、完璧にすべてのシナリオを描くことはできません。完璧なシナリオを描いてしまうと、それに振り回されてしまい、予想外のことが起きたときに「どうすればいいか分からない」といった戸惑いを招いてしまうものです。

　ふたりが大切にしたいと思っていることやこだわりなど、軸となる部分をしっかり押さえ、あとは始まってから「空気を読んでいく」。当日の状況を見ながら、空気を読み、他のスタッフとコンタクトを取りながらベストな選択をその都度していく。そうした状況を楽しめるようになったら、それこそが理想の司会者なのだと思います。

完璧な上に、さらに余白を残しておく。そして、すべてが終わったときに、誰もが満足できる120％の内容になっていれば、それが理想です。

マイクを持っていないときこそ本領発揮

マイクで話すだけが司会者ではない。これがブラス流の司会です。新郎新婦やゲストから、今の気持ちをいかに引き出すかが司会者の腕にかかってきます。そのために、私がとくに意識をしているのが、マイクを向けた相手が話しているときの自分自身のリアクションです。

できるだけ大きく相槌を打ち、話の内容によっては驚いたり、笑顔になったり、できるだけリアクションを大きくします。そうすることで話している人の気持ちもノッて、会話のテンポもよくなるんです。マイクを向けられた人が気持ちよく話せる雰囲気をつくる。これも司会者にとっては大事な仕事です。

新郎新婦が中座しているときや、歓談タイムに司会者は何をやっていると思いますか？座って休憩……ということは決してありません。実は、マイクを握っていない時間は司会者にとっては絶好の情報収集タイムなんです。たとえば、このあとにスピーチや余興で登場する予定のゲストの様子をこっそり観察。

お酒を飲みすぎていないかな。同じテーブルの人たちとはどんな雰囲気で過ごしているかな。ご両親の様子はどうかな。

そして、いざ、マイクを向けるときに「美味しそうに、ビール飲んでいらっしゃいましたよね！」「とっても仲のよさそうなテーブルで！」「お嬢さんのプロフィールビデオ、じっとご覧になっていましたね」と、ひと言添えてご紹介。

観察していた内容を前振りに使うと、「それでは、○○さんひと言お願いします」と突然紹介するより、はるかに本人も話しやすくなります。

他にも、登場する予定のない人でキーパーソンになるゲストはいないか、会場全体を見回しながらチェックしています。写真をたくさん撮っている人、よく笑っている人、よく泣いている人、声の大きい人、見た目にインパクトのある人、とにかく目立つ人！

もし、時間に余裕があるときには、こうした人に声をかけてひと言インタビューをします。こうした方々は、おふたりに思い入れがとくにある方たちが多く、快くお祝いのメッセージやエピソードを語ってくれるのです。

そして、他のスタッフと確認を行い、しっかりとコミュニケーションを取れるのも、マイクを持っていない時間です。時間は押していないか。押しているのであれば、巻きでいくのか、それともこのままでいくのか。料理の出方は順調か。余興の人の出るタイミング、紹介のタイミングに変更はないか。

他にも、披露宴中に紹介する電報はどれかを新郎新婦に確認したり、お支度のときから新郎新婦といちばん近い距離にいるヘアメイクさんに、ブライズルームでのふたりの様子を聞いたりもします。けっこう忙しいんですよ（笑）。

司会者は、そこにいるみんなの代弁者

心に残る、いい結婚式というのは、司会者がひとりでしゃべっているだけでは絶対に成り立ちません。新郎新婦やゲストにマイクを向け、それに応えてくれるから温かな空気が

つくれる。よく、披露宴が終わったあとに、「とっても、いい司会でした」とお褒めの言葉をいただくことがあります。そんなときは、感謝の気持ちを込めて、「とても素敵なおふたりとお客さまがいてくれたからこそです。こちらこそ、本当にありがとうございます」とお礼を言います。これは紛れもない、私の本心です。こちらの振りに照れながらも答えてくれる。本当にありがたいことなのです。

司会者になりたての頃、河合社長に「司会者はみんなの代弁者だ」と言われたことがありました。きれいな言葉を使うことよりも、その瞬間、みんなが思ったことを代表して話すのが司会者。なるほどと納得しました。ですから、当日は皆さんの表情を見て、空気を感じて、みんなと同じ視線で会場に立っています。そして、ここにいる皆さんの代わりに、自分がマイクを使って話をさせてもらっているのだと心得るようにしています。

逆に、私からふたりへのプレゼントとして贈る言葉も実は用意しているんです。それは披露宴の終盤。両家代表の謝辞も終わり、新郎新婦が退場する門出直前のコメントです。その日、キーポイントになった言葉や、おふたりらしさが表れる言葉を添えたコメントで、おふたりをお送りしているのです。

たとえば、新郎が郵便局に勤めていて、新婦がパティシエのおふたりには、

「郵便屋さんもパティシエも手紙やお菓子を通して、想いを届ける大切なお仕事。今日は、ここにいる皆さまに幸せという素敵な想いを届けてくださいました。そんなおふたりの新しい旅立ちを、どうぞ皆さま、本日いちばんの大きな拍手でお送りください」

といった具合です。門出直前のコメントは私にとってのその日の集大成。ひと組ひと組、変えた内容で締めさせていただいています。

会を司る責任ある仕事だからこそ、やりがいもある

23歳で司会者デビューして、今年で10年目。大学を中退し、イルカの調教師になって、その4年後に結婚式の司会者に。移り気で、コレと思ったらすぐに飛びつく性格の私が10年も司会という仕事を続けていることに、自分のことながら感心します。不思議なことに、司会者になって、今まで、辞めたいと思ったことは一度もありません。もちろん、失敗して落ち込むこともあります。それでも、辞めようとは一度も思わなかった。

この仕事の魅力は、お客さまの反応がすぐに分かるところです。自分のひと言で会場が笑いに包まれたり、リアクションがすぐに返ってくる。自分が楽しいと思ったときは、会

場にいる皆さんも楽しそうに笑っている。感動して、思わず涙ぐんでしまうと、皆さんも目に涙をいっぱいためている。自分の想いと、目の前にいる人たちとの想いがピタリと合うのを感じたとき、なんともいえない喜びが込み上げてくるんです。

結婚式の司会は、おふたりにしてみればたった一度の結婚式という大切な「会」を司る仕事。冷静に考えれば、責任は重大です。だからこそ、真剣に取り組めるし、達成感も得られる。しかも、自分ひとりではなく、チームでやり遂げる一体感も味わえる。そして、これほどまでに「ありがとう」をたくさん言っていただける仕事は他にはないかもしれません。すぐ目の前にいる人を笑顔にでき、やりがいのあるこの仕事に出会って本当によかった！　今、あらためてそう感じています。

司会者・若杉由紀子の『披露宴の極意』

①事前準備は100%完璧に。そして心に余白を
②ともに結婚式を創るメンバーとの意思疎通は密に
③表に出ないスタッフにも想いを伝える
④マイクを通さないときにも列席者とコミュニケーション
⑤当日は自分も一緒に楽しむ

若杉由紀子

新郎新婦にゲスト全員で合唱のプレゼント！
気取らないおふたりらしさにあふれた最幸の一日

その結婚式は、花嫁が幸せになれるという伝説がある6月に行われました。新郎は、いつも私たちと一緒に結婚式を創っている現場スタッフ。ジューンブライドとなった新婦は、そんな彼よりも7つ年上の落ち着きのある心穏やかな女性。そんな彼からのプロポーズは、式のおよそ一年前。彼女から「イエス」の返事を聞いたその日は、新郎が周りの仲間と考えた花火や映像を使ったオリジナルのサプライズプロポーズでした。

結婚式の当日、みんなで協力し、大成功したそのプロポーズの様子がオープニングムービーで流れると、「みんなで一緒にこの日を迎えたんだ！」という想いが強く感じられました。まさにそれは、おふたりの結婚式のテーマでもある〝人と人との絆を結ぶ〟という言葉にぴったりな瞬間でした。

最初のこの演出で、会場のみんなの空気がグッと高まり、ひとつの団結力のようなものが生まれた気がしました。

新郎は新入社員の頃から、真面目で努力家。いつもまっすぐな性格の一方で、どこか抜けていて、突っ込みどころが満載。彼の周りは、常に明るい笑顔にあふれていました。そんな彼に、新婦も惹かれたのだろうなと、幸せそうに笑うおふたりを司会台から眺めていました。

司会をするときは、いつも新郎新婦それぞれのキャラクターが生きるような一日をつくることを心がけているのですが、この日も思わず「彼らしい！」と思えるシーンがありました。

それは、お色直しの入場のときのこと。予定では、まず、新郎がひとりで入場。曲のサビに合わせて、かっこよく会場の中央を駆け抜け、新婦が待つ入場口まで迎えに行く、というものでした。

いよいよ本番。貫禄のある紋付き袴姿で堂々たる入場!!　と、ここまではよかったのですが、その後、なぜか草履を両手に抱え、ペタペタと足袋のまま猛ダッシュ……！　会場は、若干の驚きと笑いに包まれました。しかし、彼は至って真剣。走りやすいように、転びにくいように、と真面目に考えて出した答えだったのでしょう。けれど、その温かな笑いがあったからこそ、新婦の艶やかな色打掛姿の優雅さが、より一層際立ちました。

照れくさそうな新郎、にっこりとほほ笑む新婦。それぞれのキャラクターが滲み出て、本当にお似合いのカップルだなぁと感じられるシーンでした。

たくさんのサプライズやイベントが用意されたこの結婚式には、ラストにして、最大で最幸の演出が待っていました。それは、新郎の挨拶のあと、ふたりを囲むようにして始まった、スタッフとゲスト全員による大合唱。

楽器に、歌声に、想いを託しておふたりを送り出そう、というスタッフとゲストからのサプライズ。全体が見渡せる場所にいた私が見た光景は、おふたりの笑顔の周りに、たくさんの笑顔と祝福の涙があふれ、それらがいくつも連鎖して、その日の〝人と人との絆を結ぶ〟というテーマが象徴されたシーンが広がっていました。

「ひとりひとりの想いがつながると、こんなにも大きな幸せに包まれるんだ」と感動して涙が止まらず、気づけば、私も一緒になって、大きな声で歌っていました。

郵　便　は　が　き

お手数ですが、
切手を
おはりください。

151-0051

東京都渋谷区千駄ヶ谷4-9-7

(株) 幻冬舎

『笑いと涙を届ける「結婚式の司会」という仕事』係行

ご住所　〒□□□-□□□□ Tel.(　-　-　) Fax.(　-　-　)		
お名前	ご職業	男
	生年月日　年　月　日	女
eメールアドレス：		
購読している新聞	購読している雑誌	お好きな作家

◎本書をお買い上げいただき、誠にありがとうございました。
質問にお答えいただけたら幸いです。

◆『笑いと涙を届ける「結婚式の司会」という仕事』をお求めになった動機は？

① 書店で見て　② 新聞で見て　③ 雑誌で見て
④ 著者のファンなので　⑤ 知人にすすめられて
⑥ プレゼントされて　⑦ その他（　　　　　　　　）

◆著者へのメッセージ、または本書のご感想をお書きください。

今後、弊社のご案内をお送りしてもよろしいですか。

（　はい・いいえ　）

ご記入いただきました個人情報については、許可なく他の目的で使用することはありません。

ご協力ありがとうございました。

今でも、おふたりの顔、ゲストみんなの歌声、音楽……。そのとき目にした光景、耳にした歌声、感じた空気は色褪せることはありません。

新郎新婦と、彼らを囲む人たちの絆をあらためて結ぶような、ふたりらしい結婚式を一緒につくり上げる。そんな仕事に恵まれたことを実感できたこの日は、私にとっても最幸の宝物になりました。

〝演出の調理〟をすることで、
今ここで起きることを
いちばんよい状態で

Chapter 4

浅井　みゆき

Miyuki Asai

profile

司会者歴10年。

外資系ブランドなどの販売職を経て、2005年の愛知万博ではアテンダントとして勤務。その後、もともと興味を持っていた、声を使う仕事を目指す。プラスの司会者養成スクールで約10カ月のレッスンを受けたあと、司会者デビュー。何事にもていねいに接し、細かいことに気がつく気配り上手。「ふたりのためなら、できる限りのことはする！」という熱血タイプでもある。

司会者はやっぱり見た目が大事？

昔から、褒められることの多かった「声」を生かして、何か仕事をしたい。そう思ったときに頭に浮かんだのが、結婚式の司会という仕事。興味のあったウエディングの世界に関われるというのも大きな魅力でした。とはいえ、MCもウエディング業界も未経験。そこで、ゲストハウスを運営しながら司会者の養成も行っているプラスのことを知り、その門を叩いたのです。

およそ10カ月のレッスンを終了し、いざ、司会者デビューとなったときに、ふと思ったんです。「私、司会者っぽくないかも……」って。背も高くて、顔もキツメ。イメージする結婚式の司会者って、女性らしいエレガントな人。「これではダメだ！　なんとかしなくては」と向かったのがデパートの化粧品コーナーでのイベント。プロのメイクアップアーティストが来場する日に予約！　「結婚式の司会者風メイクに」とリクエストし、アイシャドーの色の選び方やアイラインの引き方をレクチャーしてもらったんです。そうですね、ひと言で言うと松嶋菜々子風？（笑）

次に向かったのは美容室。ここでは、「ザ・司会者とまではいかず、やわらかい、優しいイメージ」をオーダー。そして、最後はお洋服屋さん。ふだんはパンツスタイルばかりなのですが、そんな女性司会者、見たことない。イメージとしては、リボンのついたブラウスに、ふんわり広がったバルーンスカート。あるいは、切り替えのあるワンピース。今まで、自分のコーディネートには登場したことのないアイテムばかりでしたが、思いきってトライすることにしました。

ついでに愛用していた時計も、メンズライクな四角の文字盤から淡いピンクの丸い文字盤に変更。完全な、大リニューアルです。

仕上がった、新生・浅井みゆきのテーマは「話しかけやすい司会者さん」。自分で言うのもなんですが、「形から入る」というのも大切だと思います。清潔感があって、派手ではない、ほどよい華やかさもあって、そして優しい雰囲気。私が新郎新婦だったら、こういう人にお願いしたいなと思える司会者像を目指しました。

初対面の人に話しかけて、会話力を身につける

デビューに向けて気がかりなことがもうひとつありました。それはアドリブ力。プラス

でのレッスンでは、耳にタコができるくらい、「司会者がしゃべるんじゃない、新郎新婦に、ゲストにしゃべらせるんだ！」と聞かされました。そして、いいコメントを引き出すための「アドリブ力」を身につけろと。このアドリブというのが実に難しい。

結婚式当日、はじめて会うゲストに話しかけて、相手を喜ばせたり、逆に相手に面白いことを言ってもらったり。褒めたり、いじったり、相手の言葉を言い直したりって、すぐにヤレと言われてもやれるものでもないんです。でも、コレができなければ、プラスの司会台には立てない。そこで、無事にデビューを迎えるために、自主練をしました。ちなみに、こんな感じです。

プライベートで友達から悩み相談を受けたら、相手が口にするネガティブな言葉をすべてポジティブに言い換えてアドバイス。

洋服屋さんに行ったら、店員さんのコーディネートを見て「ネックレスとイヤリングが洋服にも雰囲気にもぴったり！」と相手のこだわりポイントを見つける。

お祭りに行ったら、大きなイヤリングをしていた屋台のおばさんに「おばちゃん、おしゃれだね！　唐揚げもカラッと揚がっていて美味しそう！」と褒める。

あらゆる場面で初対面の人に自分から話しかけて、会話力を高めていきました。

ふつう、司会者になるための練習といったら、コメントを考え、それを暗記するとかでしょうか。私のような練習をしている司会者さんって、きっと他にはいないいんじゃないかと思います。

気の利いたことを話すのも、あえて話さないのも、アドリブ力

そして、いよいよデビュー。ところが、あんなに努力をしてアドリブ力を身につけたものの、いざ、インタビューで練習の成果をと思っても、これがなかなかうまくいかない。ふだんはポン、ポン、ポンとリズムよく会話ができるのに、本番でマイクを持って質問しようとすると急にギクシャクしてしまうんです。やっぱり緊張ですよね。そして、考えすぎ。「この人に何を聞こうかな」「こう言ってきたら、なんて返そうかな」と頭で考えているから、ポン、ポンといかない。

だったら、リラックスするしかない。新郎新婦入場のアナウンスや、主賓や祝辞を述べ

る方をご紹介するときなどは腹式呼吸でゆっくりと話しますが、インタビューなど、新郎新婦やゲストと近い距離で会話するときは、なるべく自分の素の話し方に切り替えることにしたんです。ここは、「司会者」ではなく、ふたりをよく知る友達感覚でいこうと。すると、とたんに自分も話しやすく、相手も楽しげに答えてくれるようになりました。

できるだけ楽しく、明るく、と思っていても、一瞬、自分が固まるようなこともあります。たとえば、新郎新婦からの指名で、親戚の男性にインタビューしたときのこと。その方、スキンヘッドだったんです。そしてマイクを向けると、こんなことをおっしゃったのです。

「ふたりとも、今日は本当に輝いているよ！　ほら、オレの頭くらい輝いてる！」

皆さんだったら、どう返しますか？　その方にとっては、笑いをとるための渾身のコメントなんです。なのに、気まずさや「触れたら失礼かな」という気遣いからそこを完全にスルーして、「新郎のおじさま、新郎は小さい頃、どんなお子さんだったんですか？」と、まったく関係ない返しをしてしまったら、せっかくの笑いをムダにしてしまうことに。

こうした場合、私は新郎新婦とおじさまの頭を見比べるように、大きく頭を振り、「あ！本当ですね！（笑）」と収めます。ポイントはスルーせずに、触れる程度に乗ることです。そんなことないですよ！　と否定してもウソになるし、深く突っ込んでも、思いきり乗ってもダメです。失礼にあたりますから。

これが、もし女性のゲストだった場合はさらに気を遣います。たとえば、かなりぽっちゃりした体形の方が、「幸せなふたりを見ていたら、私まで幸せ太りしちゃったわよ！」なんて言った場合。

まずは、周囲の反応に合わせます。周りが笑っていたら、自分も笑顔で「ハハハ」とつられ笑いをするくらい。周りが引いているようだったら、私は目を見開いて「ニコッ」とするくらい。ポイントは、あえてコメントをしない。文章で書くなら「……。」でしょうか。「私が何を言いたいかは、皆さんのご想像にお任せします」というのを、コメントなしで表現するのです。

あるときは機転を利かせてしゃべり、あるときはあえてしゃべらない。それがアドリブだと私は思います。

披露宴を何十倍も楽しいものに変える〝演出の調理〟

今、この瞬間に起こっていることを、「より素敵に」「より感動的に」、ときには「より面白く」するのは、司会者の腕の見せ所。司会次第で、同じシーンでもまったく違って見えるものです。新郎新婦がこだわった演出を最高のカタチで見せることを、私は「演出の調理」と呼んでいます。

たとえば、こんなことです。ある新郎新婦がメインの料理にオプションで神戸牛のサーロインステーキをオーダー。聞けば、デートで訪れた神戸で食べ、そのあまりの美味しさに感動。その味をぜひ、自分たちの披露宴でゲストと一緒に楽しみたいと。さぁ、どうやってふたりのこだわりをゲストに伝えましょうか。

まず、考えられるのがメニュー表に「ふたりがデートでその美味しさに感動した神戸牛のサーロインステーキ」と記す。そして、メニュー紹介時にシェフから直接、この料理のいきさつについて紹介。さらに、実際にゲストにサーブされるときに司会者から「今、皆さまにお届けしているメイン料理は……」と、アナウンスする。これでも、ふたりのこだわりをゲストに伝えることはできます。けれど、もっともっと伝えられると私は思うのです。ゲストはたしかに「美味しい！」とは言ってくれるものの、ときには料理を食べる時間＝歓談タイムということで、新郎新婦のもとへ行って写真撮影会を始める方もおり、ふたりもゆっくりと料理が食べられないということも考えられます。これではゲストと一緒にお肉料理を楽しみたいという、新郎新婦の希望が叶いません。

そんなとき、私だったら、こうします。

「さぁ、これより、おふたりがもっともこだわったという、メインのお肉料理を皆さまにお届けいたします。それでは、シェフ、お願いします！」

そこでシェフが新郎新婦へメイン料理を直接届けに行きます。それと同時に、ゲストにも料理が配られる。そこですかさず、私がマイクを持ってふたりの席へ。

「さっそく、おふたりに召し上がっていただきましょうか」「お味はいかがですか？」と新郎にマイクを向けます。

次に、新婦にマイクを向け、「結婚式でなぜ、神戸牛をオーダーされたんですか？」と聞く。ふたりにインタビューしながら、視線は、ゲスト全員に料理がサーブされたか状況をチェック。だいたいのテーブルに料理が行き渡ったところで、「おふたりの思い出の神戸牛の最高級ステーキ、ぜひ温かいうちにお召し上がりください」と、コメント。

司会者がマイクを持って新郎新婦の近くで話をしていれば、ゲストもお酌や写真を撮りに来ることはありません。これで、「皆さんに、美味しい料理をゆっくりと食べてもらいたい」というふたりの夢がベストなカタチで叶います。これが〝演出の調理〟です。

「演出の調理」のポイントとなる「前振り」「後振り」

披露宴では、〝サプライズ〟が用意されることがあります。ゲストから新郎新婦へのときもあれば、新郎から新婦へ、新婦から新郎へなどさまざまなのですが、その内容としてよくあるのが内緒で用意された映像。その前振りで、「さぁ、皆さん、実はここでとっておきのサプライズがあるんです！」とは、絶対に言いません。先に何か言ったら、サプライズにならないですから。

食事が始まったら、会場内は常にざわついています。お酒も入って、賑やかになっているところで、「皆さん！」と声をかけても、そうそう静かにはなりません。おしゃべりをストップしていただき、ゲスト全員の注目を集めたいときに、とっておきの方法がありま す。

それは新郎新婦の名前を「○○さん、△△さん！　○○さん、△△さん！」と2回繰り返して、大きな声で呼ぶんです。すると、「ん？」といった感じで、皆さん顔を上げます。会場のざわめきが落ち着いたら、「あちらに、○○さんと△△さんの特別席をご用意しました。そちらにご着席いただけますか？」と振ります。そうすると、皆さんも「ナニ、ナニ？」とさらに注目。ゲストの注目を集めて、見る姿勢、聞く姿勢が整う頃、演出をスタートする。そこが前振りのコツです。

時間と労力をかけて用意された、とっておきのサプライズは、みんなで集中して一緒に楽しむ場をきちんとつくってから発表する。そうすることで、より、その内容が明らかになったときの感動と喜びが増してくるのです。

余興が終わったときに重要になってくるのが「後振り」。ここは、〝フォロー〟＆〝笑い〟が肝に。たとえば、『アナと雪の女王』のテーマソングを歌いながら、エルサとオラフに仮装した男性ゲストが登場するという、面白い余興。その後振りとしては……。もちろん、「楽しい余興、ありがとうございました」で終わらせたって誰も文句は言いません。でも、それでは物足りない。男性が手づくり感あふれる、雪の女王らしいヒラヒラした長いドレスを着て、パパッと簡単なメイクをしてディズニーのキャラクターで登場してくるって、完全に笑いを取りにきてますよね？　そこは、ちゃんと拾って、突っ込んで、笑いで締めくくるというのが私なりの礼儀（！）です。

給食の白衣を身にまとっただけの、どう見てもいじられキャラのオラフには、「えーっと、給食のおばさんですか？」とまずは突っ込み。そして、エルサのドレスを奥さまが手縫いして用意してくれたという前情報があれば、ご出席でない奥さままで協力しておふたりをお祝いしてくださっていることを紹介する。さらに、「写真にたくさん残して、奥さまに見せてあげないと！」「よかったら、皆さんもエルサやオラフと一緒に記念撮影いかがですか？」と振る。すかさず、「そちらの女性の方、どうですか？　えっ⁉　いらない？　撮らなくてもいい⁉」と笑いで落とす。

ただし、そうやって笑いで落とした方が席に着かれたら、頃合いを見計らって「先ほどは失礼しました。あまりに面白かったのでつい……」と、フォローのご挨拶に行きます。「いやいや、みんながウケてくれてよかったです」と笑顔で答えてもらえると、ようやくひと安心です。

緊張の場面もアクシデントも「笑い」が救ってくれる

　結婚式では予期せぬことが起こります。というか、予期せぬことばかりです。たとえば、テーブルインタビューで、新郎新婦から指名のあった人のところへマイクを持って向かったとします。ところがいるはずの席にいない。そんなときは、そのままマイクを通して「えっと……。こちらの方は……。あ、席をはずしている……。なるほど、では、ピンチヒッターに、こちらの方、お名前を教えていただけますか？」と、席をはずしていると教えてくれた方にそのままインタビュー。そうするうちに、戻ってきたら「お待ちしてました。ほら、お隣の方が急遽《きゅうきょ》助けてくださって、もう汗びっしょり！」とフォローと笑いで切り抜けます。

　困ってしまうことだってもちろんあります。たとえば、酔っぱらって悪乗りしているお客さま。お祝いの席ですし、ふつうはそのままにしているのですが、花嫁の手紙の時間が近づいているときなど、なんとか静かにしてもらいたい。そういったときは、あえてそのテーブルに行き、「こちらのお席、ずいぶん賑やかですね。せっかくなのでお祝いのひと言をいただきましょうか」とマイクを向けるんです。

そうすると、同じテーブルの方から「ほら、アンタ、静かにせんからだわ！（笑）」などと突っ込まれて、騒いでいた本人は照れ笑い。ひと言、お祝いの言葉をいただいたところで、「ありがとうございます！　このあとは新郎新婦のご家族からもお言葉をいただきますので、一緒にお聞きくださいね」とニッコリ。これで、お開きまでは静かでいてもらえます。

もし、騒いでいるのが若い方なら、マイクを通さずにその席に行って、失礼にならないようニコッとしながら、指を口に当てて「シーッ」とお願いするときもあります。

もちろん、新人の頃はそんなことをする勇気は全然なくて、大声で騒いでいるお客さまがいたら、「隣の席の人がたしなめてくれないかな」と願うばかり。「静かにしてくださいい」なんてとても言えないし、もし、勇気を出して言ったところで、「怒られたらどうしよう」とオドオドしていたものです。

でも、これも経験です。先輩たちが本番で入っている現場を見学させてもらいながら、真似させてもらった部分も多くあります。そのすべてが、お客さま全員に気持ちよく過ごしてもらうため。自分ができるベストなことをする、そのひと言に尽きるのです。

おじいさま、おばあさまへのインタビューをあえて入れる

私が披露宴で、みずから新郎新婦にお願いしてでも行っていることがあります。それは、列席しているおじいさま、おばあさまへのインタビューです。

お歳を召しているので、うまくやりとりができないこともある。それを危惧して遠慮される新郎新婦もいらっしゃいます。それでも……と押すには私なりの理由があるんです。それは、10年後、20年後はもしかしたらこの世にはいらっしゃらないかもしれないから。縁起が悪いことを言ってごめんなさい。でも、現実的にはそうですよね。だからこそ、あえて写真や動画などでその姿を残してほしいんです。

これから先、おふたりにお子さんができたときに、「お父さんとお母さんの結婚式のときに、ひいおじいちゃんとひいおばあちゃん、こんなに喜んでくれたのよ」と、元気だった頃の姿を見せることもできます。たった一度の晴れの日でもある結婚式は、どれだけ多くの方に愛されてきたかを確認できる日でもあります。その証拠が記憶とともに、映像として残せるのはとても素敵なことだと思います。

実際、インタビューしてみると、これがとてもいいんです。「こちらに○○さんのおば

あさまがいらっしゃいます。ちょっとお話を聞いてみますね」と振ると、皆さん一斉に親族席のほうを向き、その声に耳を傾けます。「とってもお元気ですね。健康の秘訣はなんですか？」との質問に、「うーん。とくにない」……。それだけで、会場は温かな笑いに包まれるんです。おじいちゃん、おばあちゃんがいる空間には、なんともいえないほのぼのとした空気が広がります。それは、笑いや感動とはまた違う、大切な演出のひとつだと思います。

披露宴で笑いを取りにいくのも、酔っぱらっているお客さまに声をかけるのも、おじいさま、おばあさまにひと言もらうのも、けっこうリスキーなことだと思います。そこにあえて向かっていく司会者は、少数派かもしれません。でも、リスクを乗り越えてこそ、本物の笑いや涙、感動が起きるのではないでしょうか。

披露宴で笑いが起きるって、とても素敵なことですよね。結婚式ともなると、皆さんドレスアップして、非日常の空間に入り込むわけですから、緊張感というのは絶対にあるはずなんです。でも、新郎新婦が求めているのは、そういった特別な空間のなかで感じる、いつもの楽しさやアットホームさ。ですから、司会者から笑って、おしゃべりして、「ここでは、安心していつものように楽しく過ごしていいんですよ」というリラックスできる雰囲気をつくる。緊張感を解きほぐし、素直に笑える場を提供できたらいいなと、いつも思っています。

無理に泣かせようとはしない。ただ一緒に感動したいだけ

打ち合わせ時にときどき、最後の花嫁の手紙を自分で読むのは恥ずかしいから、代わりに読んでほしいと頼まれることがあります。過去に司会をした結婚式で、号泣してしまい、途中で手紙を読めなくなってしまった方もなかにはいらっしゃいました。それだったら、プロの司会者に読んでもらったほうが安心。たしかにそうかもしれません。でも、私はそうした依頼が来たときは、できるだけご自身で読んでもらうよう、丁重にお断りします。

なぜなら、ご両親もゲストの皆さんも、新婦の心のこもった手紙の内容を私の声では決して聞きたくないはずだからです。目の前に書いた本人がいるのに、声は他人。それって、とても寂しいことだと思います。読めるところまで読んで渡せばいい。読めないのであれば、手紙そのものをスクリーンで流すだけでもいい。もしくは、読まずに手紙を渡すだけ

なのですから。

でもいい。大切なのは、新婦が書いた想いをどんな方法ででも、ご両親に直接届けること

私自身、ブラスで司会の仕事をやってみて、結婚式や披露宴というものを見る目がずいぶん変わったと思います。他の会場なら当たり前のようにある、〝新婦がひと言も話さない披露宴〟〝新郎新婦のお母さまの声がひと言も聞けない披露宴〟に、「なぜ？」と疑問を持つようになりました。せっかく中座のエスコート役にお母さまを指名したのに、ただ、一緒に歩いておじぎしておしまい。「なんのためにお母さまを呼んだの？」と不思議に思ってしまいます。

せっかく親子で一緒に手をつないで歩くのであれば、その前に少しでも時間を取って、お母さまに新郎や新婦が小さかった頃の思い出を語ってもらえたらいいなと思うんです。

以前、こんな新婦がいました。中学校のときは毎日お弁当で、お母さまがつくるお弁当にはかならず、チラシの裏に「今日もがんばってね」と書かれたメモが添えられていた。そのメモを新婦は今も大切に取ってあるというのです。

この話を打ち合わせのときに伺っていたので、エスコート役にお母さまをお呼びしたと

きに、私から「実は……」とご紹介させていただきました。すると、お母さまが「あんな手書きのメモを取ってあるの？」と驚かれ、そして、涙をポロポロとこぼされたんです。もちろん、隣の新婦も。そのおふたりが手に手を取り合って扉口まで歩く間中、会場は温かな涙と拍手で包まれたのです。

私は決して、無理に泣かせようとはしません。話を聞いて、「なんて素敵なエピソードなんだろう」と思ったことを、当日のゲストの皆さんと共有したい。ただそれだけです。考えるのは、そのエピソードをどのタイミングでご紹介するか。ゲストに私と同じように、素敵なエピソードだなと思ってもらえたら、それが何より嬉しいのです。

自分らしい言い回しを集めた「言葉の宝箱」

私は、すべての人が「言葉の宝箱」を持っていると思います。「言葉の宝箱」とは、その人らしいフレーズや言葉、言い回し。音楽でも、アーティストそれぞれが独自の曲調を持っていると思いませんか？「ミスチルっぽい」「福山雅治っぽい」「ａｉｋｏっぽい」など。新曲を聴いたとき、そのメロディに「あの人の曲っぽい！やっぱりそうだ！」と思った経験、あると思います。司会者の場合も同じように、その人ならではの言葉の使い方があります。

私も、先輩司会者が使っている言い回しを「かっこいいな！」と思って、試しに自分も使ってみるとしっくりこない……。そんなことがよくあります。その人だから使える言い回しなのです。

たとえば、「かわいい」という表現をする場合、

「とってもキュートですね」

「とってもかわいらしいですね」

このどちらも同じ意味ですが、「キュート」という言い回しが似合う人と「かわいらしい」という言い回しが似合う人とがいます。それはその人の持つ雰囲気にもよるし、男性、女性、年齢によっても違ってきます。

私は後輩に教えているときも、「この言葉は、あのレッスン生には合うけど、このレッスン生には違う言い回しのほうが合う」と、レッスンを進めていくなかで、その人その人の特徴を見極めて、それぞれに合ったアドバイスをしていきます。

たとえば、〝近所のおばちゃんキャラ〟の司会者が女性ゲストに「若くてきれいです

ね〜羨ましいッ!!」と言うのは笑いになるけど、若い女性司会者が同じように言っても笑いにはなりません。自分に合う言葉をたくさん見つけて、それをストックしておく。それが、「言葉の宝箱」です。

「いつも元気だね」なんて言われる私ですが、司会の仕事をする前は、かなりの人見知り。どちらかというとネガティブ派でした。司会になりたての頃なんて、「やっぱり私には向いていないかも……」と落ち込んでばかり。でも、「自分はダメだ」と言っていたら、本当にダメ人間になってしまいそうで。それで、ひとつでも自分で「できた!」と思うことがあったら、そのことをメモして「○」をつけるようにしました。

「スピーチで言葉に詰まったゲストのフォローができた。○」「社長に教えてもらった前振りを真似てみたら、ゲストから笑いが起きた。○」といった具合です。毎日、毎日、○をつけていったら、それがたくさんになって自分に自信がついたんです。

気づいたら、どんなときも笑っていられるポジティブな性格に。そんな今の自分があるのも、ダメダメなときから、決して見放さずに、いつも「大丈夫、浅井はきっといい司会者になれるから」と励まし、アドバイスをし続けてくれた先輩のおかげ。本当にありがたいです。

そして、司会の仕事をするようになって変わったことが、もうひとつ。それは家族に感謝できるようになったこと。家族って近くにいる当たり前の存在だからか、優しくなれなかったり、素直になれずにいたりしたんです。それが、「ありがとう」や「ごめんね」を素直に言えるようになった。本当に些細なことなのですけどね。そうなれたのも、この仕事を通して、どれだけ親が子に愛情を注いでいるかが分かり、感謝を直接伝えるべき人たちなのだと身にしみて分かったからです。

私の司会のやり方や考え方が正しいかは、正直分かりません。でも、私にはこの仕事が合っている。それは、間違いないと思います。

司会者・浅井みゆきの『披露宴の極意』

①司会者は第一印象のよさが大切
②披露宴で役立つのは会話力とアドリブ力
③余興の前後は〝フォロー〟&〝笑い〟を忘れない
④「演出の調理」方法を常に考える
⑤自分らしい「言葉の宝箱」を持つ

コラム　笑いと涙の結婚式ストーリー④

浅井みゆき

おばあちゃんに「愛しているよ」と伝えたおじいちゃん。その仲睦まじい姿に、会場中は温かな優しさに包まれて

これまで私が担当した結婚式の列席者のなかには、結婚式のためだけに海外から何十時間もかけて帰国し駆けつけてくれたご友人や、90歳のご高齢にもかかわらず、おひとりで北海道から出席してくれたおばあちゃん、そしてお孫さんの結婚式に出席することを目標に、一年間リハビリをがんばって来てくれたおばあちゃんもいらっしゃいました。おばあちゃんに「次に楽しみにしていることは？」と伺うと、「ひ孫を抱っこすることが目標！」というお答えが。こんな言葉をおひとり、おひとりからもらい、たくさんのお祝いの言葉を集めて新郎新婦に届けるのが私の司会者としての役割だといつも思っています。

数年前、ある披露宴でのことです。ご夫婦で出席されていた、結婚60年くらいになる新婦のおじいちゃん、おばあちゃんにマイクを向けてみました。不思議なもので、おじいちゃん、おばあちゃんがしゃべり出すと、ざわついていた会場の人々はみんな静かになり耳を傾けるんです。それだけ言葉に重みがあるのだと思います。

どこからいらっしゃったのか、新郎新婦との思い出、結婚何年目か、夫婦円満の秘訣など、いくつか質問をしたあと、おじいちゃんがおばあちゃんの目を見ながら満面の笑みで、「愛しとるよ～」と。すると、おばあちゃんは照れ笑いしながら、「そんなこと、はじめて言われたわ～」。さらに、おじいちゃんが「これからも、仲よくしよ～ね」と言うと、会場は笑いと涙、そして歓喜の声であふれたのです。

これから新しい家庭を築く新郎新婦にとって、こんなにも身近に、目標とするほほ笑ましいご夫婦がいること。そして、そのことをこの日、集まった人々で共有する空間があること。目の前で繰り広げられる光景を見ながら、結婚式って本当に特別な日だな……としみじみ思ったのです。他人の私ですら、数年経った今でも、あのおじいちゃん、おばあちゃんのやりとりを思い出しては、幸せな気持ちになるくらいですから、おそらく新郎新婦やゲストはもっともっと印象深い思い出になったことと思います。

このことがあってから、とくに、新郎新婦の祖父母の声を届けようと心がけるようになりました。なかには「耳が遠くなっているから、おじいちゃん、おばあちゃんにはマイク向けなくていいです」とおっしゃる方もいらっしゃいます。そんなときは、私の想いをお伝えします。

この先、おふたりの間に赤ちゃん（おじいちゃん、おばあちゃんにとってはひ孫）が生まれたら、おじいちゃん、おばあちゃんはとてもかわいがってくれると思います。しかし、子どもの頃の記憶ってだんだん薄れていくし、普通に過ごしていればおじいちゃん、おばあちゃんのほうが先に亡くなります。そんなとき、おじいちゃん、おばあちゃんの肉声や動いている姿が動画で残っていれば、「こんなひいおじいちゃん、ひいおばあちゃんだったんだよ」「あなたのこともとってもかわいがってくれたんだよ」と、成長したお子さんに見せてあげることができます。だからこそ声をもらい、お元気な姿を写真や動画で残すことをおすすめしています。

そう話をすると、最初は躊躇《ちゅうちょ》されていた新郎新婦も「そうですね！　ぜひ、おじいちゃんやおばあちゃんの声を聞かせてください」とおっしゃいます。しゃべりたくてウズウズしているおじいちゃん、おばあちゃん、意外とたくさんいるんです。

他にもこんなことがありました。私がマイクを向けた相手は新婦のお父さま。お嬢さんの花嫁姿の感想を聞くと、はじめは照れくさそうに笑いながら「馬子にも衣装だな」。さらに、新婦の小さい頃の思い出などを聞いていくと、背中を支えている私の手には伝わってきます。周りには分からないほどの、手や背中の震え。そして頬を伝う一筋の涙。心に抱いている想いが、言葉や涙となってあふれてくる。その瞬間に、会場は温かな感動に包まれていくものです。決して無理に話してもらおうとか泣かせようなどとは思いません。皆さんの想いを伝えてもらう場をつくる。それだけです。

ある映画監督も言っていました。「所々に笑いがあるから、観ていて飽きない」。そういう作品を心がけているのだそうです。結婚式や披露宴も同じです。ずーっと笑いでも、ずーっと涙でも疲れちゃう。どっちもあるからいいんです。私も、そんな司会を心がけています。

「人生はドラマだと言う人がいます」
贈る言葉は、私からのメッセージ

Chapter 5

寺岡　麻里

Mari Teraoka

profile

学生時代からアルバイトでイベントやキャラクターショーの司会を務める。卒業後は化学工業メーカーに就職し、営業職として勤務。友人の結婚式に出席した際に司会の仕事に興味を持ち、司会事務所に所属。婚礼司会者として歩み始める。性格は天真爛漫で感動屋さん。個性ある司会ぶりが人気。

笑いが起きて盛り上がればいいと思っていた新人時代

「結婚式の華やかな雰囲気が大好き！」「幼い頃からの夢であった声を生かせる仕事に就けるなんて、ラッキー」。私が結婚式の司会を目指したのは、こうしたごくごく単純な動機からでした。あまり物事を深く考えずにとりあえずやってみよう、「自分の好きなことができるなら幸せ」。それがいちばんでした。

司会を始めた頃、結婚式の司会は「笑いを取ってこそ」と考えていました。披露宴のインタビューでアントニオ猪木を真似たゲストに私自身も闘魂注入をしてもらったり、流行っていたお笑い芸人のネタを真似て、突っ込みを入れてもらったり……。披露宴ではゲスト全員が参加する、リフティング大会やストラックアウト大会、会場の階段を使っての「だるまさんが転んだ」大会に、ガーデンでのスイカ割りなどなど、プランナーと一緒にどうやったら盛り上がるかを一生懸命考えたりしていました。

とにかく会場が賑やかに盛り上がればいい。みんなが笑顔で笑いがあふれているならなんでもやる。鋭い突っ込みをしたり、ときには自らの身体を張ってでも笑いを取りにいく。営業として勤務していたこともあり、場を盛り上げるためにはなんでもやるという精神がしみついていたのです。

もちろん、これら実際の披露宴では、こんな楽しい披露宴はじめて！　と、みんな楽しんでいて笑いに包まれましたし、自分のひと言で会場が沸くときには、達成感でいっぱいになったものでした。

ですが、列席のお客さまからいただくアンケートはがきには「司会者の高い声がうるさかった」「司会者がなれなれしかった」という声もありました。

私が当時考えていた「賑やかで楽しい披露宴」は、厳《おごそ》かに新郎新婦を祝福したい人たちにとっては、慌ただしく過ごすだけの落ち着かないものだったのです。それでは飲み会と同じですよね。結婚式の意味や笑いの内容を、当時の私はあまり理解していなかったのです。

ふたりの選んだことに心を寄せ、その想いを代弁したい

「面白いのがいちばん！」「目指すのは、笑いにあふれた楽しい結婚式！」

そう信じて、自分の思うままに突き進んでいた私も、経験を重ねるにつれ、結婚式に対

する考え方も、司会という仕事の価値観も少しずつ変わっていきました。

とくに変わったのは人前結婚式に対しての考え方です。あるとき挙式での奏楽に新郎新婦の思い出の曲をリクエストされた方がいて。それを生演奏で聴いたとき、「あぁ、おふたりはこの曲のこんな雰囲気で結婚式をしたかったんだ」と、納得したんです。

美しい音色が流れただけで、列席者の皆さんは静まり、お父さまにエスコートされた新婦の神々しいまでの美しさに感動し、新郎新婦で誓い合うその姿にひたすら拍手を送って祝福する。

司会者が多くを語らなくても式は進行し、感動と喜びは自然と沸き起こってくるものだと気づいたのです。ふたりが選んだ場所で、ふたりが選んだ楽曲の演奏に耳を傾け、ふたりの想いに寄り添う。そういった静かな時間を見守るのも司会者の役目なのだと考え、それからは挙式で司会者の自分が話すのを最低限に抑えるようになったのです。

逆に、あえて式中に説明することもあります。たとえば、先日担当した式では、新婦が入場し、新郎のもとへと進むヴァージンロードの途中で、お世話になった人たちからヴェールを下ろしてもらい、グローブをはめてもらい、ブーケを持たせてもらう……。といった具合に、少しずつ花嫁の支度を整えてもらうシーンがありました。

私はそのときにこう説明を加えました。「今日まで支えてくださった、ここにいる皆さまに背中を押してもらい、新たな一歩を踏み出したいとおっしゃった新郎新婦。皆さまにご協力いただいて、花嫁としての支度を整えていただきます」。さらに新婦の動きに合わせて、ヴェールやグローブ、ブーケ、それぞれの由来や意味をコメントとして付け加えました。

こうした入場スタイルはあまりないこと。だからこそ、なぜこうしたスタイルをやりたいと思ったのかを分かりやすくきちんと説明することで、列席者の皆さまにその意味を理解してもらおうと考えたのです。ふたりの考えを受け入れ、自分なりに理解し、それを列席者に伝える。ふだんは極力コメントを控える挙式でも、あえてコメントを加えることもあります。人前結婚式における司会者は、新郎新婦の想いを代弁する存在でありたいと考えるようになりました。

自然体の表情、素直な感情を引き出したい

以前は、身体を張ってまで笑いを取りにいっていた私ですが、今では〝自然体〟を心が

けています。サプライズもそう。新郎が中座のエスコート役として、お母さまを指名するときも、仰々しい前振りはせず、ごく自然に「一緒に歩く方はどなたにお願いしたいですか？」とお伺いし、新郎の声でお母さまを呼んで、隣まで来ていただきます。「え、ナニ、ナニ？」と驚かれているお母さまに、新郎本人からお世話になったお母さまに感謝を伝えてもらい、私は「これからは新郎がお母さんを支えていくという想いも込めて、久しぶりに手をつないで歩きましょうか」と声をかけます。

そうすると、新郎もお母さまも「えーーーーっ！」と叫んで、会場がドッと沸く。仰々しい前振りではなく、自然の流れで持っていくと、より皆さん、びっくりされるんです。

幼い頃は当たり前につないでいた手。成長するにつれ恥ずかしがりつながなくなった、手の温もりや大きさを久しぶりに感じたお母さまの笑顔と涙。新郎の照れくさそうにした笑顔と、お母さまをしっかりエスコートしながら歩く逞しい姿に胸が熱くなり、私も思わず一緒に泣いてしまうことも。ふだんはなかなか見せない、素直な感情にふれられる――私が結婚式を好きな理由のひとつです。

人生でもっとも「自分自身にスポットが当たる」結婚式で、緊張しない新郎新婦はいません。そんなおふたりから、いかに「ふだんのおふたりらしさ」を引き出すか。これを常に考えています。

お色直しで入場し、メインテーブルにおふたりが揃い、ゲストからの視線が一斉に集まるときこそ、〝らしさ〟を引き出す絶好の機会です。ここで、私はこんなふうにおふたりに話しかけます。

「〇〇さんの素敵なドレス、これはおふたりで選ばれたそうですね。せっかくなので、（新郎の）△△さん、このドレスの見どころをぜひ、教えてください！」

そうすると、「えーっと、まずは……」と言いながら、新婦のドレスをじっくり見て「この大きなリボンと……」「それから……、あ、ちょっと後ろ向いてもらえる？ この後ろのヒラヒラとしたところと……」と、新婦を見ながら、必死になって説明してくれる新郎。それをクスクスと笑いながら、新郎の説明に合わせて横を向いたり、後ろを向いたりする新婦。その姿がとってもほほ笑ましいんですよ。

司会の私がアレコレ言わなくたって、おふたりの仲のよさやふだんの空気感は十分にゲストに伝わっていく。最後は、みんながニヤニヤと楽しそうに自分たちのやりとりを見ているふと気づいて、新郎新婦も思わず照れ笑い、です。

大体、新婦より圧倒的に新郎のほうが緊張していることが多いです。緊張しすぎて、顔がこわばっている新郎をほんのちょっと〝くすぐる〟。そのときのリアクションが面白いんです。ただし、これも新郎新婦によってOKな人とそうでない人がいるので要注意。打ち合わせのときの反応を見て、いけるかいけないかの判断は必要かなと思います。

エピソードや感謝の気持ちは本人から伝わると何倍も嬉しい!

マイクを向けられると緊張して言葉が出てこない人もいらっしゃいます。緊張をほぐすためには、最初は「イエス・ノー」で答えられる質問をして、少し和んできてから、聞きたい核心へと触れていきます。いきなり「新郎新婦へひと言どうぞ!」では「おめでとう」くらいしか思いつきません。インタビューにお答えいただく相手と何度かラリーを繰り返し、ここぞというときに高めのトスを上げて、思いきりスパイクを打ってもらうような、そんなイメージです。

これは河合社長から何度もアドバイスされながら、やっとたどり着いたインタビューの方法です。

自分がボケまくって、笑いを取っていた頃からは考えられない進歩です（笑）。昔は昔でいいところもあったとは思うのですが、今は、おふたりやゲストのよさが引き立つようなフォローの仕方を心がけ、「おふたりがご列席の皆さまからこんなふうに思われたらいいな」を常に考えながら、進めるようになりました。

おふたりのエピソードは、打ち合わせのときに前もってヒアリングします。もし、そのときに、ご両親や先輩など、誰かに「感謝している」気持ちを伝えてほしいと頼まれたら、「私からではなく、ご本人の口から直接伝えてください」とアドバイスします。おふたりの結婚式なのだから、感謝の気持ちもおふたりが自分たちでお伝えするのがいちばん。

新婦の「学生時代に、母親が働きながらも毎朝早起きしてお弁当をつくってくれたことに感謝している」といったエピソードも、お母さまの心に響くのは、司会者がこと細かに説明するよりも、本人から語られる「ありがとう」のひと言のはず。

新郎の遊び仲間とのエピソードで、「自分はお酒を飲むのが大好きなのだけど、ひとりだけ酒を飲まないやつがいて。彼がいつも、飲み会のあとは僕の車を運転して、家まで送り届けてくれ、本人は歩いて家まで帰る」といった話が出たとします。これも、やっぱり本人の口から語られるべき話です。もちろん、そのエピソードを披露する前振りは私がします。おふたりには、これまでなかなか口にすることができなかった感謝の気持ちを、ストレートに相手に伝えてほしいなと。

とはいえ、一般的に新郎新婦から「代わりに感謝の気持ちを伝えて」と頼まれたら、それを受け入れる司会者のほうが多いと思います。私も昔はそうでした。でも今では、それがベストなわけではないと思ったときは、きちんとその理由をおふたりに伝えます。それができるようになったのも、理由があるんです。

数年前、仲のいいプランナーさんの結婚式に招待されたことがあって。そのときになんと、中座のエスコート役に私が指名されたんです。あまりに突然のことでまったく想像もしていなくて……とにかくびっくりして、司会者に促されるまま、新郎のもとへ。すると、彼みずからマイクを持って、「寺岡さんは僕が入社間もない頃から、自分が落ち込んでいると、さりげなく『何かあった？　カラオケでも行かない？』と声をかけてくれて……。いつも見守ってくれている感じが、とっても嬉しくて……」と、エピソードとともに、なぜ、私をエスコート役に選んだのかを語ってくれたんです。それがとにかく嬉しくて、もう涙が止まりませんでした。

しかも、中座のときのBGMが私のよく聴くお気に入りの曲だったんです。でも新郎と一緒に歩いているときは、とにかく舞い上がっていたので、BGMでなんの曲がかかっていたか、まるで記憶なし……(涙)。あとから教えてもらって、さらに喜びました。思い返せば、奥さんも一緒に3人で食事をしたときに「寺岡さん、最近どんな曲聴いてるんですか?」って質問されたなと。「あのときにリサーチしてたのか!」と思ったら、嬉しくてまた泣いてしまいました。

中座のシーン、何度も見守ってきましたが、これほど「本人から語られる言葉のパワー」を実感したことはありませんでした。

この出来事をきっかけとして自分のメモに、「エピソードと感謝の気持ちは本人たちの口から。補足の説明は司会者から」と記しました。すべては、経験ですね。

結婚式は司会者が中心になって創るものではないし、司会者の独壇場でもない。そうハッキリと気づくと、打ち合わせでも、より親身になって新郎新婦の話を聞けるようになりました。司会者打ち合わせは式の1カ月~2週間前に行われます。この頃になると、式直前で忙しさもピークになり、ナーバスになっている新婦を見かけます。自分たちでおもてなしをするために、いろいろ手づくりして自分たちらしさを伝えたい。でも仕事がある。時間がない。さらに気持ちは焦ります。

そんなときは、「無理はしないで。ゲストにとっていちばんのおもてなしは、おふたりの〝笑顔〟。もしいろいろ手づくりしようと無理して、がんばりすぎて疲れきっていては、せっかくの一日が『大変だった』という思い出になってしまいますよ」と声をかけます。

〝おふたりが最高の笑顔になるには、どうしたらいいか〟。それが、当日だけではなく、打ち合わせから心がけていることです。笑顔が最高のおもてなしであるというのは間違いないのですから。

自分ならではのコメントをかならず入れたい。「どうか幸せになって」と願いながら

約3時間という披露宴のなかで、私はあえて話し方に変化をつけています。まず、主賓の方による祝辞や乾杯までは、正統感が出るようにきっちりと。一方でおふたりのプロフィール紹介やテーブルスピーチなどは、できるだけ相手が話しやすくなるよう、自分も

リラックスしてフレンドリーに話していきます。

一方、後半のクライマックスでは、感情を込めてドラマティックな雰囲気をつくります。新婦からの手紙など、思わず涙を誘う場面では、自分もとことん感動に浸ります。その感動を押し隠すことなく、コメントをしていくのです。

司会者にはいくつかの〝定番〟コメントがあります。そのなかでも新婦が親御さんへ手紙を読み、花束贈呈へと移るシーンのコメントには私なりのこだわりがあります。

ここでは親御さんが新郎新婦の幼い頃を思い出していただけるようなコメントを、と考えています。生まれた日のこと。はじめて歩いた日のこと。思春期に思い悩む姿を自分のことのように感じ、胸を痛めたこと。そんな日があってこの日を迎え、しっかりと親元から巣立つ喜びを感じてほしいという想いを込めて、花束贈呈へつないでいくのです。

花束贈呈の直前、新婦が手紙を読むシーンでは、語られるひと言ひと言を胸に刻むように私も毎回聞き入っています。そのお手紙が最大限に生きるようコメントを入れたいから。

もうひとつ、私がこだわるのは新郎新婦が退場するときの締めのコメントです。私は担当するすべての披露宴でこうお話しします。

「人生はドラマだと言う人がいます。今日までおふたりが描いてきたそれぞれのドラマを、今日から協力して助け合いながら、世界にたったひとつの、おふたり最高のドラマをつくり上げてください。〇〇さん、△△さん、おめでとうございます」

このコメントは誰に教わったわけでもなく、自分が新郎新婦へ伝えたいメッセージとして考えたものです。劇的なことだけがドラマではない。日常で起こる、何気ないすべてのことを含めたものがドラマ。結婚生活は当たり前に進む、何気ない日常の積み重ねです。けれどそんな何気ない日常に感謝し大切にしながら、ふたりだけのドラマをつくってほしいという、私からのメッセージ。

これは、司会者になりたての頃に思いついて、使い始めたのですが、もはやこれがないと、披露宴が終わらないという私の定番になりました。縁あって私が出逢った新郎新婦に心から幸せになってほしい。披露宴の集大成でもあるラストの門出に、私は感謝の気持ちを込めて、この言葉を皆さんにお伝えしているのです。

ウエディング業界のなかでも長く続けられる司会の仕事

なぜ、こんなに司会の仕事を長く続けられたのかな、と考えることがあります。結婚式の司会の仕事がどんなものなのか、まったく理解せずに始めたのですから、それはそれで度胸があったのかもしれません。

最初はとにかくがむしゃらで、けれど、天才肌ではないから、うまくいかないことも多くて、落ち込むことばかり。そんなときに励ましてくれたのが、同じ司会者であるブラスの社長であったり、司会の先輩や仲間であったり、そして当時よく行っていた会場の支配人でした。

「寺岡さんの司会には心がある」。その言葉には本当に救われました。そしてこう教えてくれました。

「司会者はお花畑のような存在だと思う。そこにいるだけで居心地がよく温かい気持ちになれるお花畑。それは豪華さや見た目ではない、優しい気持ちだ」と。

この言葉をきっかけに、「結婚式に列席した誰もが、温かく優しい気持ちになれる心地よい空間をつくる存在になりたい」という目標を持つことができました。これが司会の仕事を長く続けてこられた理由のひとつだと思います。

そしてもうひとつの理由は、何より、結婚式のあの華やかで、ドラマティックで、幸福感あふれる空間がとにかく好きだから。

新郎新婦入場シーンの、扉が開くまでのドキドキする気持ちと、音楽がクライマックスを迎えた瞬間に扉がバーンと開いて、光のなかに新郎新婦の姿が浮き上がってくる、あのドラマティックな光景が大好き。何度見ても毎回、鳥肌が立ちます。新婦の手紙は何度聞いても、胸に込み上げてくるものがあり、涙が出ます。ひと組ひと組、同じ結婚式などなく、毎回が新鮮で、笑って泣いて心が動かされる。私は、よっぽど結婚式が好きなんだなあと、あらためて思います。

司会になりたての頃は、新郎新婦と同世代でフレンドリーな司会者になれたらいいなと思っていましたが、今では経験も積み、新郎新婦に寄り添い安心してもらえる存在にもなれました。

ウエディングに関わる仕事には、プランナーやフローリストなどさまざまなものがありますが、長く続けられるという点でも、司会者は女性にとくにおすすめの仕事です。きちんとお化粧をし、髪も整えて、おしゃれをして、そして人前に出る。自分にとっていい刺激になります。

キャリアを積んでも、毎回新鮮な気持ちで司会者席に立つことができ、「まだまだ」と常に学ぶことがある結婚式の司会という仕事。私は以前よりも、ますます好きになっています。

目指す司会者像は、「お花畑のような存在」。いるだけで心が華やぎ、皆さんが安らげる空間をつくれる、そんな司会者になれたらいいなと思っています。

司会者・寺岡麻里の

『披露宴の極意』

①自然体の表情や素直な感情を引き出す

②感謝や感動の言葉は本人の口から語ってもらう

③おふたりが最高の笑顔になるよう、打ち合わせから心がける

④おふたりに贈る、自分ならではのコメントを用意

⑤心地よい空間と時間をつくるのが司会者の役割

コラム　笑いと涙の結婚式ストーリー⑤

寺岡麻里

「お前は、今、幸せかい？」「なら、いい」深い愛情を感じた、新婦父からの言葉

世間はハロウィンで盛り上がっていたある日、ひと組の結婚式が行われました。朗らかな笑顔が魅力の新婦。そして、友人や職場の仲間からの人望も厚い新郎。ゲストの数は100名を超える、とても大規模な結婚式でした。「足を運んでくださった皆さまに思いきり楽しんでもらいたい！」というおふたりの披露宴は、ガーデンで50キロを超すマグロの解体ショーが行われたり、会場内には新郎新婦の等身大の顔はめパネルを置いたフォトブースを設けるなど、アイデア満載のものでした。

ただ、結婚式当日を迎えるまで、ちょっとした心配材料があったのです。ふたりは交際期間中に一度もケンカをしたことがないという仲よしカップルでした。ところが、結婚式

の準備を進めるなかで、意見が衝突。大人数でワイワイと賑やかにしたい新郎に対し、新婦は少人数でゆったりと過ごしたいと。結婚式に対するイメージが違うことから、意見が対立し、言い合いになることが増えていったそうです。

しまいには、「このままの思いで結婚式を挙げて本当にいいのだろうか」「この人と結婚して本当にいいのだろうか」と思い悩む新婦。そんな新婦の姿をそばで見守っていたのがお父さまでした。新郎の話にただ耳を傾けながら、その立場や娘の気持ち、父として、男として、人として――いろいろな視点でどうしたらいいのかと、きっと悩んでいらっしゃったんだと思います。

結果として、ふたりの間に立った担当のプランナーが、新郎が望むこと、新婦が望むことをしっかりとヒアリングし、大人数でもアットホームでゆったりと過ごせる進行と空間づくりを提案。さらに、数カ月におよぶ準備期間のなかで、一度は対立し、離れかけた気持ちも、お互いが「なぜ、そう思うのか」を理解し、歩み寄ることで、お互いに納得した内容に落ち着かせることができたのです。

こうしたいきさつを新郎新婦やプランナーから聞いていた私は、司会者として何かできることがないかとずっと考えていました。

そして、そのときが来たのです。

大いに盛り上がった披露宴は終盤に差しかかり、あとは花嫁の手紙から、一気にクライマックスへという流れを残すのみです。そのなかで、どうしてもやりたいことがありました。それは、新婦のお父さまへのテーブルインタビュー。進行表にも載っていない、予定外のことです。

時間もなく、受け入れられないことを承知で、私は担当プランナーに「どうしても、新婦のお父さまの言葉を聞いてみたい。なんとかインタビューの時間をつくってもらっていいですか？」とお願いしました。プランナーは、笑顔で「もちろんです！」と。ことの成り行きを知っていた彼女も、私と同じことを考えていたようなのです。

突如として、新婦の家族席に行き、お父さまにマイクを向ける私。

「お父さま、ぜひ、夫婦の先輩として、新郎新婦にお言葉をお願いできますか？」

お父さまは一瞬、考えながら、ゆっくりとこう話されたのです。

「結婚したら、楽しいことばかりじゃない。いろんなことがある。ときには相手がすることに目をつぶることだって必要。そうやって、自分たちも今日までやってきた。きっと、キミたちにもできるはずだ」

「○○、お前は今、幸せかい？」

黙ってうなずく新婦。

「なら、いい」

娘の幸せを願う父親の想い。それは、決して言葉で語り尽くせるものでないことは、私も百も承知です。これまで、1000組以上の結婚式を担当するなかで、それぞれの親御さんの想いも間近で感じ取ってきました。

そのなかでも、この「お前は今、幸せかい？」「なら、いい」という短いやりとりに、父親の計り知れない深い愛情というものを感じたのです。

多くを語らずとも伝わる想い。気づけば、私だけではなく、周りにいた100名を超す多くのゲストも、そして、新郎新婦も、そこにいた誰もが涙を流していました。

結婚式は、自分が愛されていることをあらためて知ることができる、人生にとって大切な出来事でもあります。

「ずっと見守って、応援し続けてくれる親御さんや素晴らしい仲間がいるこのふたりなら、たとえ、また意見がぶつかることがあっても、きっと大丈夫」。そう確信し、心がほっこりと温かくなったのです。

「もっともっといい結婚式にしたい」
これほどかけがえのない日はないと実感したから

Chapter 6

松本 留美子

Rumiko Matsumoto

profile

司会者歴15年。

前職は高校で保健体育を教える非常勤講師。27歳のときにアナウンススクールに通い、29歳でブラスの司会者養成スクールを受講。半年後にデビューを果たす。マイクを持っていないときは寡黙で、周囲を観察するタイプ。だが、マイクを持たせるととたんにスイッチオン。ブラスの司会者チームを取りまとめる、頼れる存在。

打ち合わせは、信頼を築くためのもっとも大切な時間

「それぞれの新郎新婦にとって最高の結婚式を創る」。それがプラスの使命です。求める「最高」は新郎新婦ひと組ひと組違います。この当たり前だけれどいちばん大切なことを、どうやって満足度の高いものにするかがプラスの司会者の使命だと思っています。

打ち合わせでは、あえて7割ぐらいのイメージに抑え、残りの3割は当日の雰囲気を見て任せてもらうことを目標にしています。最初の頃は、「新郎新婦が当日を安心して迎えられるように、100%キッチリと詰めていこう」と考えていたときもありました。

けれど、実際にやってみると、予定していた通りにはならないことが分かってくる。それは当日のお客さまの温度感、雰囲気などもあれば、時間的なことなどさまざまな要因が絡んできます。だとしたら、予定通りにやることを100点にするのではなく、当日の流れに合わせて臨機応変に進め、予想以上の素晴らしい一日をつくり上げることを100点にしたほうが新郎新婦にとって、より心に残る一日になるのではと思い始めたのです。

ひと言で、「予想以上の一日」といっても、そこに至るには、テーブルインタビューな

ど予定にないことを急遽加える、逆に何かの時間を削るなど、その場で判断する勇気も伴ってきます。どうやったらその決断が可能になるか。それは、「あとはお任せします」と新郎新婦に言っていただけるくらいの信頼を得ることです。

信頼を得るために重要な役割を果たすのが、結婚式の前に一度だけ行われる司会者打ち合わせです。打ち合わせは、ふたりについてさまざまなことを聞き出せる、とっておきの情報収集の場。おふたりにたくさん話をしてもらうため、私はここはひたすら聞き役に徹します。話す側のリズムを崩さないため、たとえ知っていることでも、ときに知らないふりをして「それって、なんですか？」と聞いて、さらに突っ込んだ話まで聞くこともあります。

新郎の幼い頃の記憶や学生時代のエピソードを聞きながら、さらに、「ふん、ふん、それで、それで？」と突っ込んで質問する私の隣で、同じように興味津々で聞いているのが新婦です。「へぇー！　知らなかった！」「はじめて聞いたよー！」という驚きの声を聞くこともあります。打ち合わせは、司会者だけではなく、新郎新婦がお互いのことをあらためて知る、いいきっかけにもなるのです。

それでも乗ってこない方も、もちろんいらっしゃいますよ。そうしたら、「もっとテンション上げていきましょうよ！」とストレートに言うこともあれば、「何か気がかりなことありますか？」と聞くことも。よく返ってくる答えが「話すのが苦手」「いろんなことをしゃべるのが嫌」。とくに、ウェルカムスピーチや謝辞がネックになっているとおっしゃる方が多いんです。そのときは、「謝辞は代われないけれど、ウェルカムスピーチは、少ししゃべってもらえたら、あとはこっちで引き受けますから！」と伝え、「ここは、勝負です！」と少し笑いにします。

最後は「安心してください。おふたりは当日のプログラムを覚えてなくても大丈夫です。私たちがおふたりとゲストの様子を見ながら進めていきます。おふたりは楽しむ準備だけをしてきてくださいね」とお伝えします。実際、新郎新婦が進行の内容を覚えていなくても、なんの問題もありません。

私の場合、ふたりの表情の変化を見逃さないようにするため、打ち合わせ中にメモを取るのはポイントとなることのみ。できるだけ会話に集中し、終わったらスタッフルームに戻って、「お父さん、厳しい。最初は結婚に反対」とか「お姉さん、もうすぐ再婚」など、知り得た情報はすぐにメモに残します。こうした家族関係に関わるプチ情報はとっても重要です。

マイクを握っていない時間が披露宴に生きてくる

当日は式開始の90分前に会場に入ります。その頃になると、おふたりのお支度もでき上がっているので、写真撮影や結婚式のリハーサルの様子を見たり、話をします。自分が司会をしない教会式でも、挙式が始まるときにはかならずチャペルへ行って、入場シーンまでを見届けます。扉の手前で垣間見える、緊張するなかでのふたりの様子や家族模様。私が結婚式で好きなシーンのひとつです。そしてこれが、のちのち披露宴でご紹介できるエピソードにつながることもあるんです。

当日の準備で大切なのは、プランナーをはじめ、他のスタッフとのコミュニケーション。まず、プランナーから新しい進行表や席次表をもらって、変更箇所などをチェックし、雨が降った場合の対処法などを確認し合います。音響さんとは入退場曲のタイミングの打ち合わせやマイクチェック。ゲストにお子さん連れがいれば、その席を担当するサービススタッフに「もし、お子さんが飽きているようだったら、コレ渡してあげて」

と小さなお子さんが好きそうなシールを託します。これはもう、長年の経験からの知恵です（笑）。

カメラマンさんやヘアメイクさんからは、お支度部屋でのおふたりの様子や体調について聞きます。

とくに、ヘアメイクさんは事前のリハーサルから新婦とコンタクトを取っていますし、お化粧にしろ、ヘアスタイルにしろ、自分の希望だけではなく、コンプレックスについてもお話しされていると思うんです。そういう意味では、プランナーの次に新婦が心を許している相手ではないかと。ときどき、「花嫁さんが身につけているネックレス、お母さまから譲られたものらしいですよ」といった貴重な情報を教えてもらえることも！

こうしたやりとりができるのも、ふだんからコミュニケーションが取れているからだと思います。

それから、席札の裏にある手書きのメッセージは、家族や祝辞・スピーチ・テーブルインタビューなどでマイクを向ける予定の人のものはすべて目を通します。どんな想いをその方にいだいているのかを知ったら、またそれを元通りにしてテーブルにそっと置きます。

花嫁の手紙もそうです。「ふたりのことをできる限り知る」。それが本番に向けての最大の準備です。

ふたりが幸せを噛みしめ合える、ゆったりとした時間もつくりたい

人前式の司会を担当するとき、あえてゆっくりと時間をかけて進める場面があります。それは、「指輪の交換」と「誓いのキス」。このふたつのシーンって、式のなかで唯一ふたりが向き合って、お互いの姿をしっかりと見て、目と目をしっかり合わせられる貴重な時間なんです。披露宴でも、歩くにしろ、座るにしろ、ふたりが並ぶのが基本なので、向き合うことはほぼありません。

あるとき、新婦が式中に新郎にはめてもらった指輪をとっても嬉しそうにジッと眺めていらっしゃったことがあって。幸せを実感しているその表情がとても愛らしくて、思わず、そばにいたプランナーと「素敵だね」と小声で言葉を交わしました。見ているこちらまで幸せな気分になる光景に、「こうしてゆっくりと幸せを噛みしめられる時間があったら、ますますいい結婚式になるんだ」と気づいたのです。ですから、リハーサルでも、「おふ

たりでゆっくりと幸せを味わってくださいね」とひと言伝えます。

何より挙式は、当日お越しになるゲストに、はじめて自分たちの姿を見てもらうタイミング。大切な〝第一印象〟にもなりますし、写真にも残るので、立ち方、長く美しく見える手の位置などを含めて「いかにきれいに見えるか」のアドバイスもします。ときには、「姿勢、悪いですよ！」とハッキリ言うことも。もはや司会者というより介添さんのようです（笑）。

実際に式が始まったら、司会者はできるだけシンプルなコメントで進行し、列席者がふたりを見守ることに集中できる空気づくりを心がけています。そして、最後の賛同の拍手で一気にテンションをマックスに。式のなかのメリハリも大切です。

空いている時間は、ひたすらゲストを観察！

披露宴が始まって、まず私がすることは、「おふたりのゲストはどんなタイプの方々なのか」を感じ取ること。それが分かるいちばんの方法は、冒頭のウェルカムスピーチの後振り。

新郎がゲストにウェルカムスピーチをしたあとに、さっそく「○○さん！　新婦の△△さんと一緒にそちらに立っている今の気分はいかがですか？」と質問するのです。それに対して、「最高です！」などと答えて、会場がワッと沸き立てば、この日のゲストは、どんどんマイクを向けて大丈夫。

逆に、新郎が「えぇ、まぁ」とまだ乗り気ではなく、ゲストもテンション低めだったら、様子を見つつ、キチッとしたしゃべりと進行を心がけ、空気を変えるチャンスを狙います。この、最初の反応で、その日の作戦が決まります。逆に、ゲストにも、私が冒頭から新郎に突っ込みを入れることで、「この司会者、なんだかグイグイくるな！」という印象を与え、今後の展開をなんとなくでも予測してもらえるんです。

新郎新婦やゲストにどんどんマイクを向ける、松本留美子流の司会スタイルを早い段階から察知してもらえれば、進めやすくなります。ある程度の覚悟ができているだけに、皆さん、なかなか気の利いた返しをしてくれることが多いんです。

人前でしゃべることを仕事にしている私ですが、実は人見知りで初対面の人と話すことが苦手なんです。ですから、マイクを持っていないときに自分からあえてゲストに話しかけることはあまりしません。ゲストと積極的に会話するコミュニケーション派ではなく、じっくりと皆さんの様子をうかがう、観察派です。

会場をグルグルと回りながら、誰がどんな行動を取っているかさりげなく、かつ、じっくりチェック。とくにご家族や、スピーチ・テーブルインタビューに指名されているゲストなど、マイクを向ける可能性のある方の様子は念入りにチェックします。生い立ちムービーを上映している最中も、私の視線はゲストの表情に。とくに泣いている人、いちばん最初に拍手した人などは、予定に入っていなくても、言葉をもらいたくなります。

サービススタッフともよく会話をします。たまに、サービススタッフがゲストの会話を耳にして、「あのテーブルの男性、今日が結婚10周年らしいです」など、思いもよらない情報を教えてくれることも。歓談の時間などで新郎新婦からその方へ声をかけてもらったり、シェフにお願いしてデザートにアニバーサリープレートを付けてもらうこともあります。

新郎新婦には見えないところをしっかりと見て、みんなが楽しめる空気づくりに生かす。そうすることで、打ち合わせ段階で残しておいた3割を満たしていくのです。

あえて「間」も大切にする。そこには想いがあるから

おふたりやゲストが気持ちよく話ができるように、気の利いた前振り、後振りをするよう心がけていますが、あえて、口をはさまないときがあります。それは、スピーチをする方が感極まって、言葉に詰まったとき。新婦のご友人などに、よくありますよね。涙、涙でスピーチが途中で止まってしまうことが。

「そんなときこそ、助け舟を出すのがプロでしょ？」。皆さん、そう思うはず。でも、私は、すぐにフォローに入らず、少し、様子を見ます。なぜか。それは、言葉が出てこないその「間」でも想いは伝わると思っているからです。

大切な友人である新婦に、お祝いの言葉を述べているうちに、思い出がどんどんとよみがえってくる。嬉しいような、寂しいような、さまざまな想いが胸に込み上げる。その想いは、他の誰もが共感できるもののはず。言葉が出てこない「間」に込められた想いを共有する時間を、司会者が邪魔してはいけないと思うのです。

ハラハラする必要はないんです。温かく見守るように、あえて待つ。もちろん、待ちすぎては不親切になってしまいます。そのときは、マイクを通さずに「ゆっくりでいいです

からね」と声をかけます。「間」から感じる「想い」もみんなで共有する。それが、結婚式ならではの〝空気〟をつくると信じています。

小さなゲストも巻き込むことで、より盛り上がる披露宴に

結婚式ならではの風景って、私はとても好きなんです。たとえば、小さなお子さん。親戚や友人のお子さんも一緒に招待するなんて、素敵じゃないですか。当日はできるだけ、たくさんのゲストにお話ししていただきたいのですが、小さなお子さんももちろんそう。

あるとき、司会台のところまでトコトコとやってきて、マイクに興味を示すお子さんがいらっしゃったんです。とても人懐っこいお子さんで。そこで、あるアイデアがひらめきました。そのお子さんに向かって、「おねえちゃん、急にお腹が痛くなっちゃったから、代わりにしゃべってもらっていいかな？」と私。すると、「うん！」と笑顔で答えてくれたのです。紙に、「ケーキにゅうとうです」「デザートブッフェです。カーテンオープン！」などと書いたカンペをつくり、それを読んでもらったんです。

一文字一文字を一生懸命に読む、思いもよらないかわいらしい声の司会に、会場中が

「かわいいー！」の大喝采。それはそれは盛り上がりましたよ！　後日、新郎新婦が「あのお子さん、『結婚式で司会したんだよ！』って、そこかしこで自慢しているらしいんです。親もとっても喜んでいて。松本さん、本当にありがとうございます！」とわざわざ挨拶に来てくださったんです。「子どもを制する者は、披露宴を制する！」。そんな言葉が頭に思い浮かびました。

司会者がシュートを打つのではない。いいパスを出せ

「ここにいる人たちは、司会者の話を聞きたいと思って集まっているのではない。新郎新婦が聞きたいのはゲストの言葉だし、ゲストが聞きたいのはふたりの言葉だ」というブラス流の考えは、私の根幹でもあります。それでも、最初に河合社長からそう言われたときは衝撃的でした。

私がブラスの前に所属していたアナウンススクールでは、「司会者が代弁して、きれいな言葉できれいにまとめましょう」と言われていたので、社長の言葉の意味がすぐには理解できなかった。でも、実際に披露宴を何組かやってみると、自分がしゃべるよりも、新

郎新婦やゲストにマイクを向けて話してもらったほうが、その場の雰囲気はぐっと和らぎ、皆さんがとてもいい表情をされることが分かったんです。

「そうか！　新郎新婦やゲストからいい表情、心の言葉を引き出すために、いいパスを出すのが司会者の役割。決めのシュートを打つのはマイクを向けた新郎新婦やゲストなんだ！」

自分が新郎新婦やゲストに話を振り、その返しの言葉で会場が笑いや涙に包まれて、その場の温度感が一気に高まる。これが「ふたりらしい結婚式の空気をつくる」ということなんだと実感しました。

聞き出す技術が上がれば、自分が持っていきたい雰囲気すらつくり出すことができる。そう考えると、司会者としての楽しみ方ややりがいが、今までには考えられない方向にぐんと広がったんです。

結婚式ではときに、思いもよらないハプニングが起きるものです。今までいちばん焦ったのは、マイクが壊れたとき。しかも、終盤。よりによって、これから花嫁の手紙というクライマックスでまさかのアクシデントが起きたのです。電源が生きているマイクは一本のみ。

そこで、その一本は花嫁に渡し、手紙を読み始めてもらいました。音響さんと相談し、花嫁の手紙が終わったら、曲のボリュームを上げて、そのまま花束贈呈、謝辞へと進めることに。

「あぁ、どうしよう……」と、ヒヤヒヤしていたのですが、これが思いのほかよかった！花嫁の手紙に感動し、そして、そこから花束贈呈へと移る間、ふたりが選んだ曲を聴きながら、余韻にひたる。その「間」が、花嫁の想いを噛みしめる、なんとも優しい気持ちになれる時間だったのです。

ケガの功名とはこのこと。それ以降、私は花嫁の手紙のあとは、シンプルにコメントする程度に留め、そのまま花束贈呈のアナウンスをすることが多くなりました。

みんなの笑顔を見ることで、自分の幸せを実感

結婚式の司会者というと、人前で話をするのが得意な人というイメージがあると思います。私、そこがまったく苦手で……。小学生の頃には授業中に手を挙げることもできない

くらいの恥ずかしがり屋でした。

それでも、こうして司会の仕事を続けていられるのは、人前でしゃべるということよりも、「新郎新婦に結婚式を楽しんでもらいたい」「ゲストにもおふたりの幸せを感じてほしい」「みんなの喜ぶ顔を見るのが楽しい！」と思えるから。自分が楽しまなくては、周りにいるみんなが楽しいと思えるはずがありません。

司会を始めて一年くらい経った頃、披露宴のお開き後に、新郎のご友人が司会台のところまでわざわざ来てくれて、「あいつ（新郎）のいいところ、いいキャラをたくさん出してくれてありがとう！　友人としてとても嬉しいです」と言ってくれたんです。このことは今でも忘れられません。

自分が目立つことよりも、周りにいる人を引き立たせることが好き。それに魅力を感じているからこそ、こうして10年以上も司会の仕事を続けられているのでしょう。

これまで１６００組の結婚式に、司会者という立場で関わってきた私ですが、２０１５年、とうとう、自分が新婦という立場を経験することになったのです。最初は、なんだか恥ずかしくって入籍のみでいいかな、とも思っていたんです。でも、周りの後押しもあり、ブラスの会場で結婚式を挙げました。結果としては、「式を挙げてよかった!」。

自分が新婦の立場になり、はじめて気づいたこともたくさんあります。1つめは、「結婚式は体力勝負」。仕事をしながら結婚の準備をするのは本当に大変です。直前になればなるほど、気持ちも焦ってさらにヘトヘト。司会者打ち合わせの頃などは、皆さん、とっても忙しい時期なんだろうなと、今さらながら気づくわけです。これまで当たり前のように目にしてきた、ウェルカムボードも手書きのメッセージカードも、準備にどれだけ時間がかかるかが、やっと分かりました。

2つめは、「自分の幸せをあらためて実感できる」こと。両親や家族、親戚、友人など、みんなの「よかったね!」「おめでとう!」の声と、ニコニコした笑顔を見ていたら、こんなに祝福してもらえるなんて、自分はなんて幸せ者なんだろうとあらためて感謝することができました。

親の想いも含め、幸せの重みを実感できたことが、結婚式で得たいちばんの収穫です。

自分の結婚式を通じて、やっぱり結婚式は楽しくて、素晴らしくて、本当に大切な時間だなと。そして、そんなかけがえのない一日に携われる結婚式の司会という仕事。こんなにいい仕事、なかなかないなと思ったんです。私が司会者を目指した頃は、ノウハウを教えてくれるスクールもたくさんあったし、司会者になりたいという人も大勢いました。しかし最近は、プランナー人気に押されつつあるように思います。

私も以前は、司会のスタイルとして学んだ「時間内に披露宴を終わらせる」という制約や、かしこまったコメントを言わなきゃという既成概念にとらわれて、「本当にこれでいいのかな？」と思うこともありました。でも、ブラスで、「もっと新郎新婦やゲストの近くで、もっと楽しく、泣いて、笑って、感動して」という結婚式のスタイルに出逢えたことで、ひと組ひと組の結婚式にいつも新鮮で、ワクワクした気持ちで臨めるようになったのです。

当日、ゲストの表情を見ていて、「あ！　この人にも話を聞いてみたい！」と思ったら、プランナーさんに「5分、時間ほしいなあ」と頼むこともあります。これがまかり通る結婚式場は、そうそうあるものではありません。でも、それが新郎新婦に喜んでもらえる5分になるのであれば、「いいですよ！　いきましょう！」とOKを出してもらえるのがブラスの会場です。現場でプランナーとお互いの考えが言えるから、やりがいもあるのでしょう。

おそらく、自分はブラスという会社、ブラスの式場だからこそ、司会ができているのかもしれません。だとしたら、同じこの場所にたどり着いた新郎新婦のために、自分ができる精いっぱいのことをしたいと思います。そして、新郎新婦もゲストも、プランナーも司会者も、そこにいる誰もが「本当にいい日だった！」と思える、ブラス流の結婚式のスタイルが日本中にもっともっと広がっていったらいいですよね。

司会者・松本留美子の『披露宴の極意』

①打ち合わせは新郎新婦の信頼を得る時間
②シュートを打つのは司会者ではなく新郎新婦とゲスト
③空いている時間はひたすら人の表情を観察
④ふたりらしい空気感をいかにつくるかが重要
⑤「間」を大切に、あえてフォローはしないことも

松本留美子

自分の結婚式であらためて分かった結婚式の楽しさ、素晴らしさ
そして、結婚式をともに創る仲間のプロフェッショナルさ、大切さ

2015年5月27日の「ブルーレマン名古屋」。この日とこの場所は、一生忘れません。自分の結婚式と披露宴を行った記念日なのですから。

実は私、自分の結婚式を挙げたいと思ったことはなかったんです。挙げても海外でひっそりと。理由は、ただひとつ。照れくさいからです。ところが想定外のことが。夫が「せっかく結婚式に関わる仕事をしているんだから、式を挙げようよ。僕は結婚式を挙げたいよ」と。その言葉を聞いてはじめて、式を挙げる決心をしました。とうとう私も「新婦」と呼ばれることになったのです。

さあ、結婚式に向けての準備がスタート！　まずはドレス選びです。あれほど、「式を挙げない」と言っておきながら、実はどうしても着てみたいドレスが一着あったんです（笑）。自分が司会を担当した披露宴で、新婦がお召しになっていたドレスです。色、デザイン、素材のツヤ感、しなやかさ、ディテール、すべてが自分の好みで、「絶対に、似合う！」と確信していました。ワクワクしながらフィッティングルームに入り、いよいよ試着。

鏡に写った自分の姿を見た瞬間、「似合わない……」。

「自分に似合うものは、自分がいちばん分かってる！」。そう思っていたのは、ただの過信だったのです。これではダメだと、ドレスコーディネーターさんの手を借りることに。すると、どれにしようかと迷うほどに、私にぴったりのドレスをいくつも選び出してくれたのです。やっぱり、プロってすごい！

この一件で「任せる」ことの大切さを覚え、人前式や披露宴のプログラム、ヘアメイク、写真、ＢＧＭ、エンドロール、ブーケ、会場のお花、お料理はそれぞれのプロに。ウェルカムボードは書道が得意なＰＪ（サービススタッフ）さん、リングピローはプランナーさんに託すことに。自分たちで決めるという肩の荷が軽くなった上に、「どんなものができるのかしら！」と、ワクワクしてきました。

迎えた結婚式当日。毎日のように顔を合わせているスタッフの「おめでとう！」の声と、自分たちのためだけに用意された空間に、心のなかは幸せな気持ちでいっぱいに満たされました。

いよいよ人前結婚式。自分が何度となく司会をしてきた挙式で、はじめての経験となる新婦としての入場です。母にヴェールを下ろしてもらう「ヴェールダウン」では、自然と涙があふれました。父と歩くヴァージンロード。指輪の交換……。すべてに込められた意味と想いを自分のこととして感じ取ることができました。たくさんの仲間に見守られ、本当に幸せな時間でした。

披露宴は、祝辞、乾杯、スピーチ、余興と大笑いの連続。ただ、ひとつだけ気がかりなことがありました。それは、「花嫁の手紙」。実は、当日まで手紙の文章を一文字も書けていなかったんです。

「今さら、家族へありがとうだなんて、どう書いて、どう伝えればいいのか……」

家族に感謝を伝えること自体に照れがあるのと、みんなの〝期待〟のようなものを考えると、ますますペンが止まってしまうのです。「みんなの前で泣きたくない！」。そんな想いも強かったです。それでも、なんとか気を取り直して、式当日にヘアメイクをしてもらいながら、手紙を書きました。

そして、ついに「そのとき」が来ました。

気がついたら――、泣いてしまいました。声も震えていました。手紙を読むときだけは、目の前の皆さんの顔はまったく見えなくて、私の言葉ひとつひとつを聞いてくれている両親の顔しか見えていませんでした。

結婚式から一年以上経った今でも、両親は、私が手紙のなかで伝えた言葉をしっかりと覚えてくれています。みんなの前で、手紙を読んでよかった。両親にきちんと想いを伝えられてよかった。今、あらためてそう思います。

自分が新婦になったことで、より結婚式の楽しさ、大切さ、関わる仲間のプロフェッショナルさを再認識しました。そして、司会に対する考え方も大きく変わりました。

それまでは、自分がクールな性格ということもあり、いつも冷静で、中立な立場で結婚式に向き合うことを心がけていました。もちろん、司会をしていて涙してしまう場面もたくさんあったし、笑いすぎてツボにはまり話せなくなることもありました。でも、極端に新郎新婦側に寄る、ゲスト側に寄る、家族側に寄ることはしていなかった気がします。

「いつも360度、全体をしっかり見て、バランスを取る立場でいなきゃ！」と、気を遣いすぎていた自分にも気がつきました。

360度を見ようとすると、逆に見えないことがある。180度だからこそ、90度だからこそ、見えること、感じることがたくさんある。

第三者的な立場の司会者が、もっと、もっと、素直に新郎新婦に想いを重ねてもいいんじゃないかと。それこそが、ブラスの求める「それぞれの新郎新婦にとって最高の結婚式を創る」ことにつながり、「笑いと涙の結婚式」を生むのだと。

司会者になって15年が経った今、以前とはまた違った気持ちで「結婚式が好き！」と言えることがとても嬉しいです。

ウェディングプランナー
×
結婚式の司会者

中村奈保

Naho Nakamura

「クルヴェット名古屋」チーフウェディングプランナー。
2012年、ブラス8期生として入社。
姉妹店「ブルーレマン名古屋」で4年経験を積み、
異動。2016年、チーフプランナーに昇進。

松本留美子

Rumiko Matsumoto

2000年、ブラスに入社。
年間およそ150組を担当するベテラン。
司会部のチームリーダーとして、
ブラス司会者のまとめ役でもある。

言葉に出さないゲストの強い想いを敏感にキャッチ

——プランナーから見て、ブラスの司会陣の「ここがスゴイ！」と思えるのはどんなところでしょうか。

中村　とにかく新郎新婦にも、ゲストにもよく絡む（笑）。相手が何を話すかも分からないのに、果敢に質問を投げかけて、返ってきた言葉に対して、うまく話を広げるそのテクニックはさすがプロです。ただ不思議なのは、声をかける人がみんないいことをおっしゃるんです。新郎新婦が指名している人とは違う、たまたま声をかけた人ばかりなのに、まさにピンポイント。会場の隅でその様子を見ながら、とにかく感心しています。

松本　私は、会場に入った瞬間から、「このなかで誰が、より新郎新婦に熱い想いを持っているか」を考えながら、ひとりひとりの行動や表情をチェックしています。一生懸命に写真を撮っている人、誰よりも最初に笑顔で、大きな拍手をしている人、どのスピーチにもちゃんと手を止め、話を聞いている人。そういった方は、何か特別な想いがあるんだろうなと感じるのです。

新郎新婦の目の届かないところで起きていることを知らせたい、伝えたい、という意味も込めて、インタビューする人を選んでいます。

中村　とくに留美子さんの場合は、花嫁の手紙の直前にインタビューする、お父さまの言葉の拾い方が絶妙です。言葉に詰まっているお父さまに対して、「心の声」が拾えるところまで、ずっと待ってあげる。最終的に、新婦さんへの想いというのが引き出せるまで、違う聞き方、違う切り口で質問を変えてみたり。

もし私だったら、いたたまれなくなって、「お嬢さまにひと言」とか、あるいは自分でお父さまの気持ちを代弁してしまいそう。そこを、笑顔で「うんうん」とうなずいて、「間」をちゃんと待っていてあげるって、なかなかできないことです。

松本　新婦のお父さまの場合、挙式で一緒にヴァージンロードを歩き、その姿をみんなが見ているわけですよね。「お父さん、どんな気持ちなんだろう」と想像しながら。それなら、みんなが気になっている心の内を聞いてみようという思いからマイクを向けるのです。

心の声を伝えたいのに、言葉に詰まって、何もしゃべれなくなっているのは、「困っている」わけではないんです。いろんな想いがあふれてきて、どうやって言葉にしたらいいか頭で整理している状態です。せっかく、あと少しで言葉が出てくるというときに、司会者がそれを遮ってはなんにもなりません。助けることは、決して親切なことではないんですよね。

——とはいえ、そのあとの進行もあるのは事実。プランナーとしては、どんな気持ちでその「間」を待っているものなのでしょうか。

中村 テンポよく進行したいというのは、たしかにあります。でも、そこを踏みとどまっても、「いい言葉を新郎新婦に届けたい」という想いは共通。ブラスの場合、披露宴は2時間45分。もちろん、司会者もよく分かっているので、いつもはコメントを入れるところを省いて、そのあと花嫁のお父さまのところで時間が取れるように、調整をするなどしてくださっています。

松本　演出が盛りだくさんで、見どころが多かったり、時間がやたらと長いと、ゲストは疲れてしまいます。若い方からご年配の方まで、誰が見ても、よかったと思え、のちのち素晴らしい思い出として記憶によみがえってくる一日にするには、こだわりや見せ所を明確にすることも必要かもしれません。

――こだわりや見せ所を絞る。プランナーの腕の見せ所ですね。

中村　やりたいことがたくさんあるおふたりには、打ち合わせでは当日をイメージできるように噛みくだきながらお話しします。その上で、「それなら、これはやめておこうか」と取捨選択してもらったり、当日の判断で決められるよう、やりたいことに優先順位をつけてもらったりしています。

松本　当日の判断を了承してもらえるのも、プランナーさんへの信頼があってこそですよね。

――新郎新婦との打ち合わせに入る前に、司会者から担当プランナーにヒアリングしておくことはどんなことなのでしょうか。

松本 家族事情はできる限り聞きます。お父さまやお母さまがいらっしゃらない場合は、その理由も。触れたほうがいい話なのか、それとも触れてはいけない話なのか。これはとっても大切です。それと、これは私だけだと思うのですが、新郎新婦に対して「何キャラでいけばいい？」って質問します（笑）。

中村 されますね（笑）。優しい癒し系キャラとか、テキパキお姉さんキャラとか。新郎新婦が求めそうな司会者像をお伝えし、留美子さんだとそれに合わせてくれる。本当に器用ですよね。

松本 それが聞けるのも、プランナーさんが新郎新婦それぞれの性格や傾向をよく理解しているから。コミュニケーションがちゃんと取れている証拠です。

結婚式には、思いもよらないドラマが潜んでいる

——今までの結婚式で、とくに思い出に残っている演出はありますか？

中村 新郎が草野球チームに所属しているという話を聞き、それなら披露宴の前に始球式をしてはどうかと提案したことがありました。挙式後、ゲストにガーデンに集まってもらい、司会者から「これから始まるパーティと、ここから始まるふたりの未来に向けて、始球式を行います！」とアナウンス。その時点で「わー！」と歓声が上がりました。

新婦がピッチャーで、新郎がバッター、審判は新婦のお父さまにお願いし、周りで見守るゲストの手にはジェット風船。新婦が投げたボールに、新郎が空振りし、お父さまの「ストライク！」の合図とともに、ジェット風船が空を舞う。おふたりとこだわって選んだBGMも相まって、とっても気持ちのいい始球式セレモニーでした。

松本 私が経験したのは、披露宴のなかでの腕相撲大会！ プランナーが提案したのですが、新郎が次々に対戦相手を指名し、相手をやっつけていく。そして、最後に指名したの

が新婦の父。最後の大勝負。
新婦のお父さまは警察官で柔道の有段者。見るからに、お父さまのほうが強そうなわけですよ。試合はまさに接戦！　どちらが勝つかハラハラして見ていたら、お父さまが周りには聞こえない小さな声で、新郎に「うちの娘をよろしく頼む」と言って、ふと力を抜いたんです。その瞬間に新郎の優勝が決定。お父さまのささやく声が聞こえたのは、そばにいた私とプランナーだけでした。思わず、ふたりで声には出さずに、「よかったね」と目で会話をしました。
ちなみに、お父さまがそう言って負けたことは、あえて披露はしません。お父さまと新郎との秘密でしょうから。プランナーも「あのことは内緒にしておきましょう」と。私たちふたりと新郎と新婦のお父さま、４人の秘密です。

中村　結婚式には、そうしたドラマがたくさんですよね！

松本　きっと私たちが気づかないところでも、たくさんのドラマが起こっているのかも。

中村　こうした予期せぬドラマが生まれやすい流れ、空気に持っていけるかどうかも私たちの役割のような気がします。

関わる人全員がプロ。だからこそ尊重し協力し合える

――披露宴の最中はプランナーと司会者とでは、どんなやりとりがなされているのでしょうか。

中村　たとえば、披露宴が始まってみたものの、ゲストがみんなおとなしめで、歓談タイムもイマイチ盛り上がりに欠ける。進行では余興があって、それからケーキ入刀なのですが、このままいきなり余興にいくのはしんどい。といったときに、先にケーキ入刀をすることは可能か、インカムを通して、サービススタッフや厨房に確認するときもあります。と同時に、司会者には進行表を見ながら、徐々に盛り上がるように余興の順番を組み替えられないか、直接相談に行くこともあります。

松本　余興の入れ替えはよくやりますよね！　テンションが上がりかけの披露宴なら、盛り上げるように空気をつくっていけますが、一部のゲストだけすでにテンションが高いのも空気づくりが難しい。そうしたときは、賑やかな方たちの余興を先にしたり、予定外のテーブルインタビューとしてマイクを向けたりすることで、少し落ち着かせます。

中村　誰かに話をしてもらって、その場の空気をつくったり、調整したりするのって、なかなかできるテクニックではないですよね。

松本　たしかに司会者もプロだけど、プランナーもヘアメイクさんもカメラマンもみんなプロ。カメラマンの場合、終盤など、時間が押していても、撮りたい写真がまだあるときは目で合図をしてくれます。時間がないのは分かっている。でも、ここで妥協はしたくない。その気持ち、とっても分かります。ですから、そうしたときはコメントで少しでも時間かせぎをし、カメラマンが写真を撮れる時間をつくるような配慮もします。

中村　お互いがプロとして尊敬し合っていて、なおかつ、目指すところが「新郎新婦にとって本当にいいと思うこと」という共通点があるから、協力し合えるんですよね。

キャリアは関係ない。誰のどんな提案でも試してみる

松本　私にとって、結婚式への臨み方が大きく変わった転機というのがあるんです。司会を始めて2年目くらいだったと思います。入社間もない男性プランナーが、ある日、「新郎新婦の生い立ちビデオを上映するとき、それぞれの家族の席に椅子を持っていって、そこで見させてあげたいんです」と相談してきました。

通常はメインテーブルで新郎新婦が並んで映像を見ます。おそらく、どの式場でもそうだと思います。けれど、彼は新郎と新婦をそれぞれの家族の席に座らせると。それを聞いたとき、「ふたりをいちばん後ろの家族席まで移動させるのに時間もかかるし、そこからまたメインテーブルに戻るのも微妙……」と懸念材料が先に立ち、その進行のよさを感じられなかったんです。

とはいえ、担当プランナーが言うなら、それをいい時間にするのが司会の仕事。

そして、当日、ビデオ上映の時間に。私は、それぞれの両親の間に座って、スクリーン

を眺める新郎新婦の表情を見ていました。すると、これが実にいい！　まるで家でテレビを見るかのように、リラックスしながら、両親に向かって何か説明をしている様子。それに対して、ご両親がひと言ふた言、何かを返している。一家団欒のほほ笑ましい光景がそこにはあったのです。

上映が終わったあと、すぐにはその席を立たせず、逆に私がその場に、これまでのことを振り返っての感想を聞きに行って、それぞれのご両親にインタビューしました。それはそれは、いい時間になったのです。

そのとき、私もまだ経験が浅く、気持ちに余裕がなかったため、「新郎新婦の動線は……」「照明は大丈夫かしら」「どんなコメントでつなぐか」など、そんなことばかり気になっていて。反省しましたね。彼のその新鮮な提案は、今でもブラスで受け継がれているんですよ。

中村　そんないきさつがあったんですね！　はじめて知りました。留美子さんは、かならず私がつくった進行表を見ながら、「この流れは、どんな理由があるの？」と聞いてくださいますよね。私たちプランナーの想いをちゃんと理解してくれるのがとてもありがたいです。ですから、新郎新婦を自分ひとりが担当しているのではない、という心強さも感じます。

お互いに尊敬し合えるプロ同士でいるために

——当日は思いもよらないアクシデントも起こりがち。そんなときこそ、チームワークも問われそうです。

中村 私、「留美子さんに助けられたなー」と感じた、新人時代のものすごいアクシデントを今でも覚えています。

松本 なんでしたっけ？

中村 サービススタッフが手を滑らせて、シャンパングラスをテーブルの上で倒してしまったんです。シャンパンはこぼれるわ、グラスは割れてしまうわで、どうにもならない状態になってしまって。

松本　あった、あった！　新しいテーブルを持ってきて、一からセッティングしなくてはならなかったんですよね。しかも、まだ乾杯前……。

中村　そしたら、留美子さんが、「それでは皆さん、乾杯のグラスをお手に取って、新郎新婦の周りにお集まりください」と。テーブルの入れ替えの邪魔にならないところに、新郎新婦とゲストを誘導し、「乾杯！」。そのままおふたりとゲストはグラスを合わせたり、写真タイムなどで盛り上がって。気づいたら、きれいにセッティングしたテーブルが元の位置にある。このときは留美子さんが神様に思えました！

松本　そのときにね、頭に思い浮かんだのが、私たちの社員の結婚式。乾杯のとき、いつも新郎新婦のところに集まって、「かんぱーい！」ってやるでしょ。「あ、アレでいける」とひらめいたの。

中村　プランナーでは思いつかなかった司会者ならではの視点で、留美子さんがサービススタッフにテーブルを入れるよう指示をし、カメラマンに声をかけて、写真を撮ってもらって……。あの神対応は一生忘れません！

松本　お客さまは、アクシデントが起こったからといって怒りはしません。「冷静に、冷静に」と、今できるベストの方法を考えるのがいちばん。

――お互いに頼り、頼られという関係が築かれているのですね。

中村　最近では、「いかに結婚式当日をいい空気にするかは司会者にかかっている」というのが身にしみて分かるようになりました。私たちプランナーは、はじめて新郎新婦とお会いしたときから何カ月間もかけて、一緒に準備をしながら信頼を築いて当日を迎える。でも、新郎新婦も私たちも、ゲストが入った当日のことは想像しきれないところがある。そこを、ふたりが思い描くイメージを大切に、想像以上の一日に仕上げてくれる司会者って、本当に素晴らしいプロフェッショナルだと思います。

松本　それは、私たちが自由にできる３割の余白をプランナーの皆さんが用意しておいてくれるからですよ。新郎新婦にとって、プランナーは絶大な信頼を寄せている人だと思います。実際に、当日そばにいて思うのは、何か困ったことがあったら、おふたりはかならずプランナーを探します。「さすが、信用、信頼の厚さが違うなー」と、それこそ感心します。その信用、信頼があるから私たちも思いきって司会ができます。これからも、一緒に、いい結婚式をたくさんつくり上げていきましょう。

中村　はい、どうぞよろしくお願いいたします。

むすびに

「理想の司会者って、どんな人？」

〝アナウンサーほど滑舌がいいとは言えない。でも、気が利いて、アドリブが上手で、ギリギリのジョークで相手をいじり倒す。そして、その場がワッと笑いで盛り上がる。表情豊かに相手と目で、言葉で、しぐさで会話を楽しみながら、その場の温度をグッと上げられる人〟が、僕の考える理想の司会者です。たとえば、タモリさんなんかもそうですよね。老若男女に慕われ、息の長いテレビの人気司会者は、得てしてしゃべり上手というよりもむしろ、いじり上手なんです。

だとしたら、結婚式の司会者もそれでいいと思うんです。マニュアルを読んだだけの通り一遍の語り口調では、盛り上がるわけがありません。結婚式は新郎新婦にとって数百万円というお金をかけた〝パーソナルイベント〟です。司会者ももちろんお金を払ってプロにお願いします。だとしたら、「プロに頼んでよかった」と思える司会者である必要があります。

ときどき、「2時間30分という枠に収めるのはプロの司会者の手腕だ」と言う人がいます。本当にそうなのでしょうか。時間を管理するのは司会者ではなく会場のディレクターの仕事だと僕は思います。また、ある人は「打ち合わせで、時間内に収まるように進行表を書き上げるのがプロの司会者だ」と言います。それも違うと思います。進行表をつくり上げるのはウェディングプランナーの仕事です。

ウェディングプランナーが新郎新婦とともに数カ月かけて練り上げた進行表に、打ち合わせで知ったプラスαの情報を加え、当日の現場を仕切るディレクターとコンタクトを取りながら、結婚式を盛り上げていく。それが司会者の役割ではないでしょうか。

そんな考えを持つきっかけとなった、ひとりの人物がいます。東海テレビのアナウンサー、高井一《はじめ》さんです。実は、僕の結婚式の司会をしてくれたのが高井さんだったのです。というのも、当初の予定では僕の知り合いの他の新人アナウンサーに司会を頼んでいたんです。ところが彼に仕事が急に入ってしまい、そのピンチヒッターを買って出てくれたのが高井さんでした。

そのとき、高砂（新郎新婦席）から見た高井さんの司会っぷりが、とにかく素晴らしくて！　ワイヤレスマイクを持って、会場を縦横無尽に動き回る。そして、僕たちが座る高砂にズカズカ（！）上がってきて、「今のスピーチを聞いてどうですか？」なんて、聞いてくるんです。びっくりしました。

そのときの僕は営業の仕事をしていて、司会に関しては年に数回、友人に頼まれてやる程度。面白おかしく司会することは得意としていましたが、それでも、司会台から離れることはしたことがない。素人なりにも、司会者は司会台を定位置にして行うことが常識だと思い込んでいたからです。

それなのに、プロ中のプロであるテレビ局のアナウンサーが、そんな常識おかまいなしに会場を動き回って、新郎新婦やらゲストやらに次から次へとマイクを向ける。しかも、突っ込みがハンパないから、会場からはドッカンドッカン笑いが起きるんです。

もうね、自分の結婚式ながら「面白い！」と思ったわけです。と、同時に「コレだ！自分の目指すものは」と確信したのです。25歳のことです。

僕は、高井さんの司会に出会ったとき、ひとつの重要なことに気づいたんです。それは「お祝いやお礼の言葉は誰が口にするべきか」ということです。

「そんなの、列席した人たちや新郎新婦に決まっているじゃないか」と、皆さん思うはずです。ところが、そうではないのが多くの結婚式です。

新郎新婦への「おめでとうございます」という言葉、それに対する「素敵なスピーチをありがとうございます」「これからも末永く、いいお友達でいてくださいね」といった言葉。それらのすべてを司会者が言ってしまっているのです。

たとえ言うにしても、ふたりのことをよく知る身内のような立場の人だったら分かります。でも、司会者というのは列席者にとってはその日、はじめて会った人。その人から言われると、なんだか上辺だけの、薄っぺらいものに聞こえてしまうのです。

だったら、「おめでとう」も「ありがとう」も、いちばんにそう感じている人の口から語られるべき。たとえ、流暢なしゃべりではなくても、心がこもっている言葉を聞くことで、その会場全体にその想いは感動として伝わってくるのです。それを高井さんは知っているから、言葉を拾いにマイクを持って、会場中を動き回っていたんです。

誰も、司会者が代弁する言葉を聞きに来たのではない。
聞きたいのは、本人たちの口から語られる素直な想い。

自分が司会をするときは、このことを常に意識しています。そして、スタッフにもことあるごとに言い聞かせています。

こんなことを話す、司会事務所や会場の責任者は他にいるでしょうか。僕が列席した他社の披露宴では全体の９割の言葉を司会者がしゃべっていたということも少なくありません。逆に、９割を新郎新婦やゲストに話させるには準備とテクニックが必要です。

準備とはつまり、打ち合わせです。打ち合わせで新郎新婦からさまざまなエピソードを聞き出し、親戚や会社の同僚、友人たちのなかのキーマンを見つけます。エピソードは美味しいネタの宝庫。当日は、そのキーマンに「以前、こんなことがあったと新郎から聞いたのですが……」と振り、その人の口から当時の思い出を語ってもらいます。

たとえば、新郎の同僚による余興があったとします。最後はどう締めくくられるでしょうか。おそらく多くの場合は「新郎の同僚の皆さま、ありがとうございました。明るく楽しい会社の雰囲気が伝わってきますね！」と司会者が締めくくって終わりです。

僕の場合は、こうしたときかならずマイクを向ける人がいます。それは、当日列席している新郎の会社の上役の方です。「新郎が勤めている会社、いつも、こんな雰囲気なんですか?」と聞くと、「若い連中がとにかく元気でね」なんて、にこやかに語られます。上役を立てつつ、勤務先の様子が伝わり、マイクを向けられた人も気分がいい。すると、新郎新婦がゲストをお見送りする際に「いやぁ、いい結婚式だったよ」「部長が突然の振りにもいい話で返してくれたおかげですよ!」という会話につながっていきます。

逆に、司会者だからこそ話せることもあります。それは学歴の高さや過去に表彰された経験など、華々しい経歴です。こうした自慢にもなりうることは、本人の口からは披露しづらいものです。とはいえ、親御さんなど身内にとっては、むしろアピールしてほしいことでもある。こうしたことを嫌味なく、堂々と紹介できるのは、ある意味、第三者的な立場にいる司会者です。

もちろん、なかには「スルーしてもらってかまいません」とおっしゃる新郎新婦もいます。そうしたときは、たとえば、有名大学出身の新郎であれば、大学時代の友人の方に「新郎と同じ、○○大学出身のご友人にちょっと伺ってみましょうか」と、さりげなくアピール。押さえどころは些細なことでもしっかり押さえる。これもプロの技です。

自分がいかにいいしゃべりをするかを目標にするのではなく、自分はどんな仕事に関わり、そこがどんな場であり、何をし、周囲がどう感じることがベストなのかを重視する。そうした引いた目線で、自分の司会者としての役割を全うすることが真のプロフェッショナルだと思っています。

そして、ブラスらしさの代名詞とも言える、「笑い」と「涙」。これを引き出すのに多くの司会者は悩むようです。

たとえば、こんな場面はどうでしょう。新婦が先に中座し、あとから新郎が中座をすることがよくあります。その際、新郎とお母さまが一緒に並んで歩きながら中座をすることを僕はよくおすすめします。そして、そのとき、新郎に「お母さまと手をつないで歩きますか？」「腕を組みますか？」「それとも、お姫さま抱っこ？」と聞いてみる。間違いなく、新郎の友人席からは「お姫さま抱っこーーーっ！」と声が上がり、会場中がワーッと笑いと歓声で盛り上がります。もちろん、本当に抱っこするかどうかはその親子次第。新婦のお父さまには、「大切なお嬢さまを花嫁にもらうという新郎に、思いのたけを思いきり！」と振ります。そうすると、「認めーーん！」「いつでも帰ってこーーい！」「何かあったら許さーーん！」など、出てくる、出てくる（笑）。そして、会場には手を叩いて笑うみんなの姿。それを見て、笑いながらもそっとハンカチで涙をぬぐう花嫁の姿があるわけです。笑いたいときは笑う。泣きたいときは泣く。

司会者がつられて泣いたり、笑ったりしたっていいじゃないですか。

弊社はおかげさまで、２０１６年３月９日に、東京証券取引所マザーズと名古屋証券取引所セントレックスへ史上初のダブル新規上場を果たすことができました。実は、その記念すべきときに、予期せぬ嬉しい再会があったんです。

名古屋の証券取引所で担当してくださった方が、「河合さんにお世話になったことがあります」とおっしゃる。なんと、僕が20年ほど前に司会を担当した新郎だったんです。彼は証券取引所で僕に会ったときに、「もしや？」と思って、帰宅するなり奥さまと一緒に結婚式のビデオを見返してみたそう。そこには、間違いなく、20年前の僕が映っていたのです。

まだ雇われ司会者だったあのときに、「もっと、自分の理想とする司会のスタイルが、結婚式のスタイルがあるはずだ」という思いを抱き、裸一貫でスタートしたプラスという会社。それが20年を経て、かつての新郎が見守ってくれるなかで上場を果たすことができた。なんとも不思議な縁を感じ、それまでの歩みを振り返りながら僕は証券取引所の鐘を鳴らしたのです。

上場を果たし、いよいよブラスの第二幕の幕開けです。多くの新郎新婦に「いい司会者に出逢えてよかった」「いい式場に出逢えてよかった」と言ってもらえるよう最高の場をつくっていきたいです。そして、この本を読んでくださった方があらためて、「司会者で結婚式は決まるのだ」ということを心にとめていただければ幸いです。ブラスが奏でる「笑いと涙の結婚式」をぜひ、今後とも楽しみにしていてください。

河合達明（かわい・たつあき）
1966年、愛知県稲沢市生まれ。21歳のとき、友人から結婚式の司会の依頼を受け、人生ではじめて司会者となる。以後、会社員として働きながら、友人知人からの依頼を受け司会を続ける。1998年に独立、司会事務所「ブラス」を立ち上げる。他会場への派遣の司会者としての限界を感じ、2003年、一宮市の住宅展示場を「ゲストハウス」としてリニューアルし、1号店「ルージュ:ブラン」をオープンさせる。その後13年間で、愛知・岐阜・三重・静岡に16店舗を展開。2017年、大阪初出店となる「ブランリール大阪」が17店舗目、静岡に「ラピスコライユ」が18店舗目としてオープン予定。

笑いと涙を届ける
「結婚式の司会」という仕事
～新郎新婦にとって最高の一日を創る
プロフェッショナルたち～

2016年12月15日　第1刷発行

著　者　河合達明
発行者　見城 徹

GENTOSHA

発行所　株式会社 幻冬舎
〒151-0051 東京都渋谷区千駄ヶ谷4-9-7

電話　03(5411)6211(編集)
03(5411)6222(営業)
振替　00120-8-767643
印刷・製本所:図書印刷株式会社

ISBN978-4-344-03048-0　C0095
幻冬舎ホームページアドレス　http://www.gentosha.co.jp/

この本に関するご意見・ご感想をメールでお寄せいただく場合は、
comment@gentosha.co.jpまで。